联合国开发计划署中国代表处合作
新华社《瞭望东方周刊》合作

(2014—2015)

Annual Greenbook for Sustainability of 35 Big Cities in China

中国城市可持续发展绿皮书

中国35个大中城市可持续发展评估

诸大建 何 芳 霍佳震 等著

同濟大學出版社
TONGJI UNIVERSITY PRESS

内容提要

本书上篇着眼当前国际国内城市可持续发展行动的进展情况，以基于可持续性的脱钩发展和两个半球的理论为基础，将城市人类发展与生态投入放在一个框架下进行分析，建立了城市可持续发展的评估模型与分析框架，并对评估方法与数据采集进行了详细说明。中篇聚焦中国35个大中城市，评估解读了各个城市的生态投入及人类发展指标，进行了城市可持续发展分类，运用数据包络分析方法分析了城市可持续发展效率，进一步提出改进模式和优化路径。下篇通过“长三角16个城市能源福利绩效研究”、“居民生活能源消费与碳排放研究”和“智能化与城市可持续发展实践”三个专题对城市可持续发展的重要区域、研究热点和发展趋势进行了深度探讨研究。

本书理论扎实、立足实际、体系完善、数据翔实、解读到位、案例丰富、分析深刻、表达形象直观。适合政府管理人士，从事城市管理、可持续发展、经济发展研究等相关人士阅读，也可供科研院校相关领域研究者参考。

图书在版编目(CIP)数据

中国城市可持续发展绿皮书：中国35个大中城市可持续发展评估. 2014—2015/诸大建等著. --上海：同济大学出版社，2016.12

ISBN 978-7-5608-6598-0

Ⅰ.①中…　Ⅱ.①诸…　Ⅲ.①城市经济－可持续发展－评估－中国－2014—2015　Ⅳ.①F299.2

中国版本图书馆CIP数据核字(2016)第266452号

中国城市可持续发展绿皮书(2014—2015)

诸大建　何　芳　霍佳震　等著

责任编辑　丁会欣　　责任校对　徐春莲　　封面设计　潘向蓁

出版发行　同济大学出版社　www.tongjipress.com.cn
(地址：上海市四平路1239号　邮编：200092　电话：021-65985622)
经　　销　全国各地新华书店
印　　刷　上海安兴汇东纸业有限公司
开　　本　787mm×1092mm　1/16
印　　张　10.25
字　　数　256000
版　　次　2016年12月第1版　2016年12月第1次印刷
书　　号　ISBN 978-7-5608-6598-0

定　　价　118.00元

《中国城市可持续发展绿皮书》
编委会

序言一

在过去的20多年，城市已经成为推动可持续发展的地方行动力量。2015年联合国发布《转变我们的世界：2030年可持续发展议程》，提出“后2015”全球可持续发展目标（SDGs）。“建设包容、安全、有抵御灾害能力和可持续的城市和人类居住区”是人类可持续发展的重要目标。

未来20年是中国实现可持续发展的关键时期，中国在发展模式、增长模式和消费模式上的选择和转型将决定中国能否在城市生态环境的承载范围内可持续发展。中国城市的可持续发展应该参照国际社会的总目标，根据本国国情来制定目标和转型方向。中国国家主席习近平在巴黎气候大会上郑重承诺中国将以落实2015年发展议程为己任，为推动全球更好实现可持续发展注入动力。

可持续发展评估一直是国际组织、各国政府、民间团体、学术界非常关注的研究领域，有助于认识城市可持续发展的阶段和水平，建立关注可持续城市的知识库，为城市制定可持续发展的目标和举措提供指引。在此背景下，《中国城市可持续发展绿皮书》（以下简称《绿皮书》）连续四年专注于城市可持续发展的评估研究，每年都有改进和创新。今年在内容上增加了长三角城市能源福利绩效、居民生活能源消费与碳排放、智能化与城市可持续发展实践等专题，有理论、有数据、有实践，为城市的绿色转型提出了有针对性的政策建议。

《绿皮书》围绕可持续性的脱钩发展和两个半球的理论，提出了城市可持续发展的评估模型。根据中国35个大中城市指标数据，对城市进行四象限分类评估、效率评估，并在此基础上针对这些发展状态提出相应的可持续发展模式和改进路径。譬如研究团队研究发现，北京、天津、厦门等城市，普遍具有“人类发展水平高、生态投入较低”的特征。这一特点很清晰地呈现于一张坐标图上，横坐标代表“城市人类发展水平”，纵坐标代表“城市生态投入”，根据城市可持续发展分类评估结果，这些城市均位于该坐标右下区域，该区城市都是“低投入高产出”的相对可持续发展方式，其改进路径需选择“优化”的S模式。而位于左下区域的重庆、郑州、哈尔滨等城市则处于“低投入低产出”的欠可持续发展状态，其改进路径需选择“扩容”的C模式。

科学、创新的理论基础是本书高水准研究的保证，成熟的研究方法和翔实的数据则提升了《绿皮书》的实践意义与参考价值。此外，图文并茂也是本书的主要特色之一，书中的图表形象直观、丰富多样、可视化强，如采用了长于表达数据差异与分布的玫瑰图、效率前沿面、象限划分图等图表，进一步增加了本书的可读性。

《绿皮书》所提供的理论、实证及政策建议可以帮助城市管理者和城市研究者了解城市可持续发展状态，是可持续发展战略制定的基础，对中国城市绿色转型具有重要的政策意义，是同济大学及其经济与管理学院面向社会开展城市可持续发展研究的重要成果。我深信凭借同济大学经济与管理学院的研究平台，以及研究人员科学、严谨的创新精神，通过不断完善，《中国城市可持续发展绿皮书》将成为同济大学和经济与管理学院的一大品牌成果。

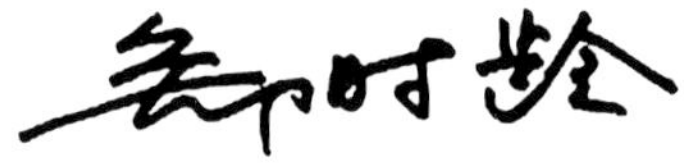

中国科学院院士

上海市规划委员会城市发展战略委员会主任委员

2016 年 8 月

序言二

随着城市化的高速发展，城市在环境、公平、效率等方面已面临巨大挑战。经济与环境不和谐、经济与社会不和谐、社会与环境不和谐、政府治理能力跟不上等多重挑战都是未来中国城市发展需要克服的挑战。2016 年，国家发布的“十三五规划纲要”，正式把创新、协调、绿色、开放、共享发展理念的具体化，对城市可持续发展提出了进一步的新要求。不可置疑，未来 20 年将是中国实现可持续发展的关键时期，中国在发展模式、增长模式和消费模式上的选择和转型将决定中国能否在城市生态环境的承载范围内可持需发展。而在发展过程中，我国城市可持续发展进程处在什么阶段？下一步该如何开展？值得人深思。

对城市可持续发展进行评估是城市可持续发展管理中非常重要的一个环节，既可以回答城市当前可持续发展水平以及未来的发展趋势；也有利于城市之间可持续发展的横向纵向比，找到城市与城市之间的发展差距、城市面向可持续发展中存在的薄弱点和存在的关键问题；还可以帮助城市找到一条走可持续发展道路的改进路径，对政府管理和学术研究都有较大的启示价值。《中国城市可持续发展绿皮书(2014—2015)》即将出版，研究团队结合基于之前三年的研究基础，继续以严谨求实、开拓创新的态度，对中国城市可持续发展进行了系统、科学的评估和分析。

基于两个半球理论，本书从生态投入和人类发展两个维度，四个象限思考，运用成熟的数据包络分析方法(DEA)，评估城市可持续发展水平，提出相应的发展模式和改进路径。全书共分为三个模块，上篇基于可持续性的脱钩发展和两个半球的理论，将城市人类发展与生态投入放在一个体系中，建立了城市可持续发展的评估模型与分析框架。中篇聚焦中国 35 个大中城市，评估解读了各个城市的生态投入及人类发展指标，进行了城市可持续发展分类研究，运用数据包络分析方法分析了城市可持续发展效率，进一步提出改进模式和优化路径。下篇通过“长三角 16 个城市能源福利绩效研究”、“居民生活能源消费与碳排放研究”和“智能化与城市可持续发展实践”三个专题对城市可持续发展的重要区域、研究热点和发展趋势进行了深度探讨研究。

本书依托同济大学经济与管理学院优质的科研平台，结合同济大学可持续发展领域的学科优势，理论扎实、体系完善、解读独到，凝聚了研究团队的创新思想与大量心血，是业内不可多得的经典之作。我强烈推荐政府管理人士，从事城市管理、可持续发展、经济发展研究等相关人士进行阅读，同时，也推荐科研院校相关领域研究者进行借鉴与参考。期待《中国城市可持续发展绿皮书》系列越来越好，追求卓越，为推进中国可持续发展提供更多创新的思路与方法，提出更多切实的建议与策略。

中国工程院院士

中国工程院管理科学与工程委员会副主任委员

2016 年 8 月

执行摘要

继2015年9月联合国通过2030年全球可持续发展目标(SDGs)，今年10月联合国举行"人居三"会议通过面向城市可持续发展的新城市议程。这样的背景强化了我们通过本绿皮书系列开展中国城市可持续发展研究与评估的意义。2015年10月31日世界城市日，同济大学与联合国开发署、新华社等合作在北京人民大会堂发布了当年的研究成果。本年度的中国城市可持续发展绿皮书，继续按照理论探讨、实证评估、专题研究三个板块开展工作，得到的主要发现和政策建议概括如下：

(1) 理论探讨。用人类发展半球和生态消耗半球作为理论框架，考察中国城市可持续发展的绩效，是我们这本绿皮书区别于许多同类研究的特色和关键。近年来学术界从行星边界角度理解和深化可持续发展，表明我们用两个半球的概念构建城市可持续发展的理论与方法，对中国35个大城市进行实证评估与政策研究，是符合发展趋势和具有前瞻意义的。我们的研究基于强可持续性的理论预设，强调可持续性发展的关键是要求经济社会发展与自然资本消耗实现脱钩，在地球承载能力可以支撑的范围内实现好的发展。用两个半球理论解读可持续发展，"发展"是用联合国开发署倡导的、越来越被国际社会接受的人类发展概念进行衡量，"可持续"是用水、地、能、材等关键自然资本在城市中的消耗进行衡量。可持续发展对两个方面都有一定的门槛值的要求，否则，不是不发展的，就是不可持续的。围绕这个基本框架，本年度绿皮书在概念界定、指标选择、评估方法等方面做了进一步的精细化工作。

(2) 实证发现。今年绿皮书的实证研究，仍然针对35个中国主要城市开展4方面的工作，即城市可持续发展的指标绩效、分类象限、发展效率的实证评估研究以及在此基础上的城市可持续发展的改进路径研究。经过过去四本绿皮书的研究，虽然评估指标有一些微调，但是结果已经可以使我们对35个主要城市的可持续发展演变做一些时间序列上的观察和思考。从大的方面看，预期发现之一是达到可持续发展要求的中国城市在增多，2015年两个方面均达到要求的可持续发展的城市有7个，占35个主要城市的20%，它们是北京、杭州、天津、青岛、沈阳、长沙、济南。其中北京、天津、青岛、长沙、沈阳等5个城市，连续3年保持了这个状态，意味经济社会发展与自然资本消耗的脱钩有了一定程度的稳定性。预期发现之二，是每年都有一两个城市从低生态低发展的状态进入可持续发展的状态，2015 年的新进入者是济南，这是我们期望的中国城市发展 C 模式，这意味着这些城市有一种跨越式的发展态势。但是我们也有一种非预期的发现，即中国东部和中部一些相对发达的城市曾经处于可持续发展的象限，但是后来离开这个象限走向了高人类发展高生态消耗状态。例如，武汉从 2014 年的可持续发展状态走向了不可持续发展的象限；过去四年的数据表明，广州、深圳、南京等城市大多数时间是处于这个高人类发展高生态消耗的象限。这样的趋势是否稳定，有待观察。如果是，将是需要引起关注的问题。

(3) 专题讨论。专题讨论是对理论热点、重要区域、典型案例做一些有深度的探讨研究。今年的绿皮书包括了三个专题探讨。第 9 章“长三角 16 个城市能源福利绩效研究”，从能源与人类发展的关系对长三角核心区 16 个城市的能源福利绩效进行了实证研究；第 10 章“居民生活能源消费与碳排放研究”，研究了中国四大直辖市的居民生活能源消耗与二氧化碳排放，对上海大都市区与纽约州的情况作了探索性的比较；第 11 章“智能化与城市可持续发展实践”，探讨了智能化对于城市可持续发展的意义，强调绿色化与智能化两大战略需要互相融合、互相支撑。

Executive Summary

In this October, the United Nations will adopt a new agenda for urban sustainable development in the "Habitat III" conference after the sustainable development goals (SDGs) in 2030 were determined in September, 2015. Against this backdrop, the significance of our China urban sustainable development research and evaluation in accordance with the green Paper does highlight. On the World Urbanism Day (October 31) last year, Tongji University, UNDP (the United Nation Development Program), the Xinhua News Agency and other institutions jointly released the research achievements of the year. In this year, the China urban sustainable development in this Green Paper continues to carry out various work from three sections: theoretical discussion, empirical assessment and thematic studies, and main findings and policy recommendation summarize as follows:

(1) Theoretical discussion. In this part, the human development hemisphere and ecological consumption hemisphere are used as the theoretical framework to examine the performance of urban sustainable development in China, which is the key feature that makes our Green Paper distinguish from other similar studies. In recent years, academics understand and further deepen sustainable development from the planetary boundary perspective. This shows that we build the urban sustainable development theory and method with the concept of the two hemispheres to make empirical evaluation and policy research, which is in line with the development trend and full of forward-looking significance. Our researches are based on the theoretical assumption of strong sustainability and emphasize that the key of sustainable development is to make economic and social development separated from natural capital consumption and achieve favorable development within the range that the carrying capacity of the Earth can afford. We interpret the sustainable development theory from the two hemisphere theories, within

which "development" is measured by the human development concept advocated by the UNDP and increasingly accepted by the international community; "sustainable" is measured by the consumption of key natural capitals in the cities, such as natural water, land, energy, materials, etc. The concept of sustainable development makes some threshold requirements on this two aspects, otherwise, either development can't be achieved or that is not sustainable. In accordance to this basic framework, the Green Paper this year further refines various work on definition, index selection and evaluation methods.

(2) Empirical findings. The empirical researches in this Green Paper still carry out the work in 35 Chinese cities from 4 areas, namely the performance indicators of urban sustainable development, classification quadrant, empirical evaluation studies aimed to improve efficiency and improved path studies based on empirical findings. Although there are some fine-tuning in the assessment indicators, but after studying four Green Paper in the past, the results already can make us do some observation and reflection about the changes of sustainable development in the 35 major cities on the basis of time series. From a broader perspective, one of expected findings is that the Chinese cities which meet the requirements of sustainable development will increase. In 2015, there are seven cities which meet two requirements of sustainable development at the same time, accounting for 20% of the 35 major cities, and respectively are Beijing, Hangzhou, Tianjin, Qingdao, Shenyang, Changsha and Jinan. Among these cities, five cities including Beijing, Tianjin, Qingdao, Changsha and Shenyang maintain this status for three consecutive years, which means that economic and social development decoupling natural capital consumption has reached a certain degree of stability. The second expected finding is that every year there will be one or two cities which can step into the state of sustainable development from the state of low ecological and low development. In 2015, Jinan became the new entrant, which is the Chinese urban development C mode we expected and shows the trend of leapfrog development in these cities. But also, there is a discovery beyond our expectation that some relatively developed cities in the eastern and central China were at once in the quadrant of sustainable development, but later left this quadrant toward the high eco-consumption state of human development. For example, since 2014, Wuhan has headed into unsustainable development from the state of sustainable development; in the past four years, the data shows that Guangzhou, Shenzhen and Nanjing most of the time were kept in this quadrant of high human development and high ecological consumption. Whether

such a trend is stable or not, which remains to be seen. But if this is a stable trend, which deserves concern.

(3) Seminars. In this part, we have done some in-depth discussion about theoretical focus, key areas and typical cases. This Green Paper includes three topics. The Chapter 9, " Urban Energy Welfare and Performance in the Yangtze River Delta ", makes empirical researches about energy performance and welfare in 16 cities located in the Yangtze River Delta core area from the relationship between energy and human development; the Chapter 10, " Energy Consumption and Carbon Emissions in Residential Life", studies the energy consumption and carbon dioxide emissions in four Chinese municipalities and makes an explorative comparison between Shanghai metropolitan area and New York; the Chapter 11, "Intelligence and Urban Sustainable Development Practices," explores the significance of intelligence during the process of urban sustainable development and highlights the needs of integration and mutual support between greenization and intelligence.

目　录

上　篇

理论基础与模型方法

1 城市可持续发展行动进展与目标

城市既是可持续发展行动的逻辑起点，也是践行可持续发展的行动单位。世界城市化进程表明，现代城市发展实际上就是不断转型、提升可持续发展能力的过程。人口增长和城市化正在增加政府同可持续发展问题之间的相关性。当前正在加剧的城市化依赖的是不可持续的发展模式，在环境方面，当前世界的城市化模式造成了低密度的郊区化，它的能源密集型对气候变化造成了不利影响；在社会方面，当前城市化的模式产生了多种形式的不平等、不包容和贫困，进而导致空间的不平等和城市的割裂；在经济方面，由于广泛存在的失业特别是青年人的失业、不稳定低收入的工作，造成经济困难、城市服务和公共设施的不平等以及低劣的生活质量。而这些城市化面临的挑战又因为缺乏促进可持续性城市化模式的制度和法律结构而进一步加剧。[①] 城市能否以维持、保存并改善自然资源和生态系统的方式来治理它们自身和它们的社会、经济的发展，是各国在城市可持续发展中面临的共同课题。如果制度设计合理、管理得当，城市将是推动国家经济、社会和环境可持续发展的引擎，否则城市也会给国家的可持续发展带来恶劣影响。

1.1 国际城市可持续发展行动进展

从1992年以后，在联合国主导下，一系列具有里程碑意义的议程问世，形成了世界各国推动可持续发展的共识，也成为全球推动可持续发展行动的纲领。可以看到在过去的20多年，城市已经日益成为推动可持续发展地方行动的力量。

1992年巴西里约热内卢召开的联合国环境与发展大会通过的《21世纪议程》是世界范围内可持续发展行动计划，这个文件阐明了人类在保护环境与可持续发展之间做出的选择和行动方案。从2000年开始，联合国"千年发展目标"开始被各国政府采纳，并决定着联合国系统内的人类发展议程。但是这一目标主要聚焦于传统的社会经济发展，而且没有明确认识到可持续发展的三个层面（经济、社会和环境）之间的彼此关联，这样的目标对引导可持续发展的投资、对督促工业化国家承担应有的责任显得很乏力。联合国"千年发展目标"的截止年限为2015年，因而2012年6月联合国可持续发展大会首脑峰会（"里约＋20"）产生

① UN-Habitat. Urbannization and Development: Emerging Futures, World Cities Report. 2016. www. unhabitat. org.

的成果“我们憧憬的未来”，并提出要制定一套全球可持续发展目标（Sustainable Development Goals，SDG_S），这些对2015年后的发展议程产生了直接的影响。“里约+20”重申了各国政府把可持续发展作为首要的目标，同时提出了一个更为统筹的愿景，即可持续发展的社会、经济与环境三个层面相互之间具有流动性和彼此关联。这就为催生更多统筹形式的治理提供了机会。

2015年，联合国发布《转变我们的世界：2030年可持续发展议程》，启动“后2015”全球可持续发展目标，发布了17个可持续发展目标和169个具体目标，展现了这个新的全球议程的规模和雄心。可以看到，除了保留千年发展目标中消贫、保健、教育、粮食安全和营养等发展优先事项外，2015年，就全球可持续发展，SDGs还提出了各种广泛的经济、社会和环境目标，承诺建立更加公平、更加包容的社会。这些目标兼顾了可持续发展的经济、社会和环境三个维度，是不可分割的整体。以对象—过程—主体为内容的可持续性科学研究和分析17个目标领域，可以看到联合国可持续发展目标在对象上，强调极限内追求繁荣而不是无限增长的强可持续性；过程上，强调基于压力—状态—反应而不是末端治理的巴斯德型研究；主体上，强调共同目标下利益相关者的多样化行动。联合国的SDGs将促使城市在今后15年内，在那些对人类和地球至关重要的领域中采取行动。

实现可持续发展目标，城市起着不可替代的推动作用，而联合国提出的行动议程也引导着城市化发展的进程和方向。1990年9月，在纽约成立的“国际地方环境行动理事会”（ICLEI）是城市官员建立的国际城市组织，这是城市政府对国际社会推动可持续发展潮流的重要反应。ICLEI直接促成了1992年《21世纪议程》第28章中号召世界各地的地方政府促使他们的社区参与“21世纪地方议程”的发展。在“国际地方环境行动理事会”的努力下，数以千计的地方政府正在生机勃勃地开展着21世纪地方议程行动，地方政府已经成为联合国行动进程中重要的且被承认的参与者。另一方面，未来15年，联合国将通过自上而下推动和自下而上的参与形成可持续发展规划，实质性地推进世界走向可持续发展。联合国SDG_S已经认识到，可持续的城市发展和管理对于人们的生活质量至关重要，在其可持续发展目标11——“建设包容、安全、有抵御灾害能力和可持续的城市和人类居住区”及相关内容中强烈地体现了城市化对人类实现可持续发展目标的重要性。在实质性的行动方面，联合国将同地方当局和社区合作，规划城市和人类社区，促进社区凝聚力和人身安全，推动创新和就业；将减少由城市活动和危害人类健康和环境的化学品所产生的不利影响，包括以对环境无害的方式管理和安全使用化学品，减少废弃物，回收废弃物和提高水和能源的使用效率。联合国系统也将努力把城市对全球气候系统的影响降到最低限度。可以说联合国对城市可持续发展目标定位和一系列的可持续行动决定着2015后可持续发展目标是否实现。

2015年《巴黎气候协议》和2016年“第三届联合国住房与可持续城市发展会议”（人居Ⅲ）即将形成的新城市议程将是城市落实可持续发展的重要基石。过去20年快速城市化和城市面临基础设施老化、技术设施不足以及相关治理监管的不足，使现有的城市供水、废水处理、防洪、雨水管理等不足以应对气候变化带来的负面影响，因此提高城市的弹性，提高城市在气候变化的条件下抵御灾害能力及适应能力将是未来城市可持续发展面临的重要问题。2015年《巴黎气候协议》，为城市制定长期的可持续发展战略及确定短期的可持续发展目标提供了指南。而“人居Ⅲ”则是在2030可持续发展议程的框架和巴黎气候大会以及其他可持续论坛的成果基础上，进一步形成多层次治理、多元相关利益主体的伙伴关系，为城市开展可持续性行动提供了强有力的机制，推动城市的平等、福利和共享，形成新城市议程，经过愿景、方案、实施、检测和修订的循环来实现城市可持续发展，为未来的城市化和城市生活开辟了道路，使城市的可持续发展与转型更具有可操作性。

1.2 中国城市可持续发展面临的挑战

城市可持续发展要基于自身发展现状，找到符合自身发展特点的方式来实现联合国SDGs所倡导的多样化的可持续发展。中国城市的发展必须要克服经济与环境不和谐、经济与社会不和谐、社会与环境不和谐、政府治理能力跟不上等多重挑战。

首先要克服经济发展与生态环境保护不和谐的挑战。在过去30年，中国年均GDP的增长超过10%，但是这样的经济发展是以环境的严重退化和资源消耗的增加为代价的。虽然中国政府每年在减少污染和提高能源效率方面投入大量资金，生态承载力也在不断增长，但是生态承载能力的增长速度远远不能满足因经济增长而导致的生态足迹的增长。当前，中国城市的生态足迹情况尚好，但是城市在发挥集聚效应、提高社会生产力的同时，也产生交通拥挤、环境污染、生态赤字等系列问题。一些城镇的生态环境出现了缓慢衰退的征兆。[①]因此保护生态系统是维持中国经济长期健康发展、社会保持稳定的基础，同时保护中国的生态系统对维护全球生态系统也会产生影响。

其次，要克服经济增长与社会公平发展的挑战。中国近40年经济高速增长，GDP总量已经达到世界第二，人民生活水平有了大幅度提高，婴儿和儿童死亡率不断下降，其中婴儿死亡率从1990年的30‰下降到6‰，5岁以下儿童死亡率从1990年的37‰下降到11‰[②]；贫困人口数量也迅速下降，仅2015年中国农村贫困人口就下降了1 442万人，从上年的7 017万人减少到5 573万人[③]；医疗卫生和教育支出不断增长，医疗卫生条件和教育水平都有了很大提高。但是在社会福利水平提高的另一面社会矛盾也逐渐凸显。其根本原因是传统的经济增长模式和现有的分配方式使一些社会群体不能够公平、公正地享受到经济增长带来的福利，相反产生了被剥夺感。这不但使弱势群体由于自身利益受损而怀有不满情绪，同时中等收入阶层也产生普遍的焦虑感。经济发展并不必然或自动导致社会稳定，对不公平、不公正的经济发展来说，发展速度愈快，不同群体的利益分化就愈严重，社会系统就会愈加失衡[④]。衡量发展的质量必须将社会稳定因素考虑在内，这就要求选择一条“以人为本”、经济与社会协调发展的可持续道路。

第三，要克服生态环境消耗与人类福利增长的挑战。经济增长和技术进步伴随着资源环境压力加大，而不是减少，技术进步效率改进虽然降低了资源消耗的强度，却很快被规模

---

① WWF. 中国生态足迹报告2010：生态承载力、城市与发展[EB/OL]. http://www.foot print network.org/images/uploads/LPR_China_2010_Chinese.pdf/.

② 波士顿咨询集团. 1990—2015年中国儿童死亡率和人数[J]. 中国民政，2015(19)：8.

③ 国家统计局. 2015年国民经济和社会发展统计公报[EB/OL]. [2016-02-29]. http://www.stats.gov.cn/tjsj/zxfb/201602/t20160229_1323991.html.

④ 胡鞍钢，王磊. 中国转型期的社会不稳定与社会治理[C]. 国情报告(第八卷2005(下))，2005：735-893.

扩张导致的反弹效应所抵消。根据诸大建，张帅①研究的结果，生态福利绩效和经济增长呈倒U形关系，这表明在经济发展初级阶段，即人均GDP为3 000国际元的时候，单位自然消耗可以带来福利水平的递增，当人均GDP超过3 000国际元后，单位自然消耗带来的福利水平递减，人类的经济增长模式开始逐步远离可持续发展的轨道。当前，我国人均GDP已经超过3 000国际元，走可持续发展道路要克服生态环境消耗与人类福利增长的矛盾，需要尽快实现经济增长与生态环境消耗的脱钩和福利水平提高与经济增长的脱钩。

第四，政府治理能力与可持续发展要求不相适应的挑战。可持续发展目标一旦确定，最大的挑战就是如何让它真正变为现实，使城市实现有效地转型。在实现可持续发展目标的道路上，通过制定发展规划、执行发展规划、对可持续发展进行评估和反馈可以推动城市政府的治理能力提高，推动城市的可持续发展。政府的治理能力与可持续发展要求不足主要表现在：政府在规划和决策中不能实现决策主体的整合、目标的整合、决策范围的整合、时间的整合以及执行方法的整合②；在决策过程中，问责、透明与廉政机制还不够完善；在可持续发展治理中往往因缺乏系统性地准备政策执行的基础而导致政策的绩效低于政策期望，如包括制度框架的障碍、决策执行能力的障碍以及公众参与的障碍等；在评估方面，往往重视可持续发展状态评估，而对可持续发展规划和决策的执行过程评价不够。提高政府的治理能力就要求城市政府进行改革，建立有远见、负责、透明和有回应性的行政管理体制，从而实现走向城市可持续发展的治理。

1.3 中国城市可持续发展目标与框架

未来15年将是中国实现可持续发展的关键时期，中国在发展模式、增长模式和消费模式上的选择和转型将决定中国能否在城市生态环境的承载范围内实现可持续发展。因此，加快建设资源节约型、环境友好型社会，提高生态文明水平，增强可持续发展能力已成为中国政府的发展目标。

2015年9月，中国国家主席习近平在巴黎气候大会发表了题为《携手构建合作共赢新伙伴，同心打造人类命运共同体》的讲话，郑重承诺中国将以落实2015年发展议程为己任，推动全球发展事业不断向前。这是基于中国过去15年对世界可持续发展作出的贡献和中国建设生态文明的发展路径得出的自信的承诺。2000—2015年，中国的经济社会发展已经为实现联合国的千年发展计划(Millennium Development Goals, MDGs)作出了重要的贡献，未来的15年(2016—2030年)，中国的经济社会发展仍然可以并且更有力度为实现联合国SDGs作出贡献，同时提供鲜活的中国故事和中国经验③。

联合国SDGs在确定目标领域和具体目标时已经认识到每个国家都面临着实现可持续发展的具体挑战。因此，中国的城市可持续发展应该根据国际社会的总目标，根据本国国情来制定城市发展的目标定位和城市转型方向。目前中国已经形成了与联合国SDGs匹配的

① 诸大建，张帅. 生态福利绩效及其与经济增长的关系研究[J]. 中国人口·资源与环境，2014，24(9)：59-67.

② 诸大建，陈海云，许洁，等. 可持续发展与治理研究——可持续性科学的理论与方法[M]. 上海：同济大学出版社，2015.

③ 诸大建. 世界进入了实质性推进可持续发展的进程[J]. 世界环境，2016(1)：19-21.

文件与规划体系。

首先中共中央十八大确立的以经济建设、政治建设、文化建设、社会建设、生态文明建设五位一体为内容的中国科学发展观，与联合国倡导的经济、社会、环境、治理四个支柱组成的全球可持续发展有很好的契合性，中国可以将可持续发展内化在五位一体建设中进行推进，中国发展纲领与世界发展纲领，在基本精神和基本方向上是完全一致的。十八大五中全会强调创新发展、协调发展、绿色发展、开放发展、分享发展五个发展理念，是将全球发展战略融入中国发展战略，有中国特色地推进和落实可持续发展的表现。

其次，2016 年发布的《十三五规划纲要》是把创新、协调、绿色、开放、共享发展理念的具体化，也是把联合国的《2030 年可持续发展议程》的 17 个目标付诸实施的行动规划，可以预期，通过今后三个国民经济和社会发展五年规划的行动，中国将为世界的可持续发展作出巨大的贡献。

第三，国家新型城镇化规划(2014—2020 年)是对中国城市化发展趋势和城市化进程中面临产业升级缓慢、资源环境恶化、社会矛盾增多等诸多风险以及可能落入“中等收入陷阱”现状的主动回应。新型城镇化是高效、包容、可持续的，它是以城乡统筹、城乡一体、产城互动、节约集约、生态宜居、和谐发展为基本特征的城镇化。新型城镇化的“新”就是要由过去片面追求城市规模扩大、空间扩张，改变为以提升城市的文化、公共服务等内涵为中心，真正使城市成为具有较高品质的适宜人居之所。在这一规划的指导下，中国城市发展的结构和功能即将发生巨大的变化。

第四，2016 年 2 月发布《城市气候变化行动方案》是对《国家适应气候变化战略》的具体实践，是国家实现可持续发展、推进生态文明建设的内在要求。方案明确在城市经济和社会发展总体规划中充分考虑气候变化因素，提高城市对气候变化的应对能力和治理水平。在这一方案的指导下，预计到 2020 年，我国将建设 30 个适应气候变化的试点城市。我国城市适应气候变化的意识将得到提高，城市适应气候变化的统筹协调能力将得到增强。

2 城市可持续发展评估理论与分析框架

2.1 城市可持续发展评估理论与模型

2.1.1 城市可持续发展评估理论

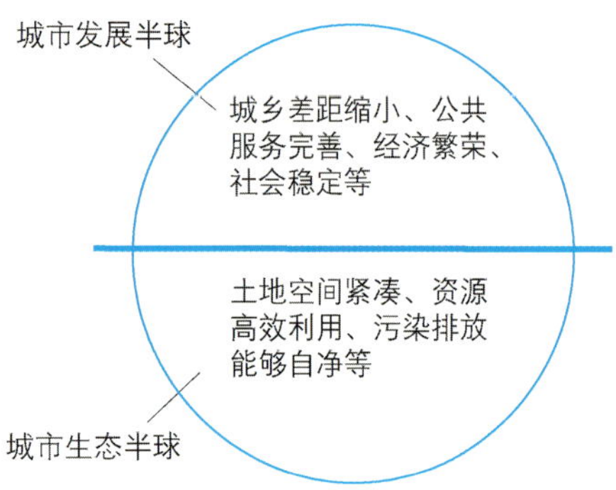

图 2-1 城市发展的两个半球

根据可持续发展的三重底线理论，一个城市的可持续发展应该实现经济(Economy)繁荣、社会公平(Equitiy)、生态(Ecology)和谐(3E)目标。城市发展可以分为上下两个半球，把城市的 GDP 水平、人口寿命与教育等经济、社会系统划分到上半球，称为发展半球，把城市的环境系统划分到下半球，称为生态半球，认为城市的可持续发展取决于这两个半球是否匹配。任何一个城市的人口、资源、环境承载能力都是有限的，存在着一个生态门槛，城市发展半球受制于城市生态半球的承载能力，人类发展水平提高过程中所消耗的土地、能源、水和物质资料不能超过城市生态环境的承载力。如图 2-1 所示，城市可持续发展的理想状态应是城市发展半球的经济与福利水平高度发展，而城市生态半球的资源与环境消耗在城市生态环境承载力范围内，即发展半球和生态半球实现了“脱钩”。所谓“脱钩”即指经济和福利的增长不受制于生态投入的增加。

根据“脱钩”理论，经济半球和生态半球之间的关系存在三种状态：耦合(匹配)、相对脱钩和绝对脱钩。当生态半球的扩张速度与经济半球的增长速度相同甚至超过经济半球的增速时，说明经济发展完全依赖于自然资源的大量消耗，同时产生大量环境污染，经济半球与生态半球紧密耦合，生态效率低下，是不可持续的发展模式。当生态半球的扩张速度低于经济半球的增长速度时，则实现了“相对脱钩”，以相对较少的资源环境投入换取了更多的经济和福利增长。而“绝对脱钩”指在不增加甚至减少资源消耗和环境污染的前提下，实现经济和福利的持续增长，代表了可持续发展的较高水平。中国城市的可持续发展就是要实现城市在可持续发展中经济和福利增长不受制于生态投入的增加，即实现经济和福利的增长与生态投入“脱钩”(Decoupling)。

然而在城市发展实践中，城市发展半球和城市生态半球往往会发生错位，城市发展或者是过多地消耗了城市的生态环境资源，超过了城市环境承载线，或者是人类发展半球经济、社会发展福利水平低，如图 2-2 所示。图中两个虚线半球表示高度匹配的城市发展半球和城市生态半球，这是城市可持续发展的理想状态，两个实线半球表示城市发展中的发展半球和生态半球的实际状态。城市在面向可持续发展中应通过采取多种途径，一方面增加经济增长和人类福利(如虚线箭头所指向)；另一方面则是降低生态资源的消耗(如实线箭头所指)，让城市发展半球和城市生态半球重新达到匹配效果。

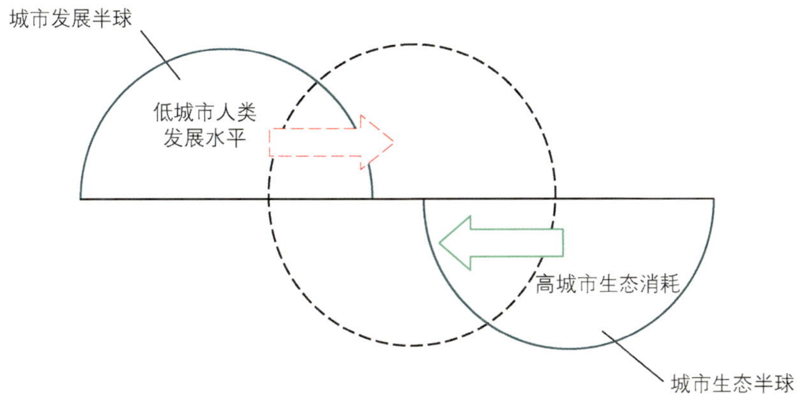

图 2-2　城市两个半球的错位发展

2.1.2　城市可持续发展评估模型

全球《21 世纪议程》第 40 章“决策用的信息”中指出：“必须制定出可持续发展指标，以便为各级决策提供坚实的基础，并促进环境与发展体系一体化能自我调节的可持续能力。”① 联合国《2030 年可持续发展目标议程》的“后续落实和评估”中指出：“将系统地落实和评估本议程今后 15 年的执行情况。一个积极、自愿、有效、普遍参与和透明的综合后续落实和评估框架将大大有助于执行工作，帮助各国最大限度地推动和跟踪本议程执行工作的进展，绝不让任何一个人掉队。”通过建立合适的可持续发展评估模型来衡量城市的可持续发展，既可回答城市当前可持续发展水平以及未来的发展趋势，还有利于城市之间可持续发展的横向纵向比较，找到城市与城市之间的发展差距、城市面向可持续发展中存在的薄弱点和存在的关键问题，各城市通过城市可持续发展评估体系，制定和调整城市在其环境承载能力约束下的可持续发展战略，找到具有本地特色的可持续发展的优先领域和路径。

本书在城市发展的两个半球理论和经济发展与生态投入“脱钩”思路的基础上构建了城市可持续发展评估模型，用人类发展指数反映城市发展半球，用生态投入指数反映城市生态半球，

① 中国环境报社. 迈向 21 世纪——联合国环境与发展大会文献汇编[M]. 北京：中国环境科学出版社，1992.

并通过城市可持续发展分类评估模型和效率评估模型的构建，来全面评价和判断城市发展半球与城市生态半球的相对状态，充分反映了城市经济、社会、生态系统的综合性和协调性的特征。

在两个半球理论基础上构建可持续发展评估模型，判断城市发展半球与城市生态半球错位的状态，一方面可以检验城市发展的目标定位是否合适以及可持续发展行动所产生的影响，另一方面通过评估结果和评估分析可以找到城市推进可持续发展的优先领域和优先政策，实现经济、环境和社会目标的权衡，从而避免以往评估模型对政策指导时间的单一性与片面性。

可持续发展评估应包括四个方面的内容，即城市可持续发展指数模型构建、城市可持续发展分类评估模型构建、城市可持续发展效率评估模型构建以及在上述所构建模型评估基础上的可持续发展改进路径构建。

本书借鉴诸大建(2008)的研究方法[①]，将生态投入(Ecological Input Index, EII)和人类发展指数(Human Development Index, HDI)放在一个综合的框架中，建立城市可持续发展评估模型，用来评估城市的可持续发展。这一模型一方面弥补了城市环境保护中缺少经济与社会发展方面的考虑，另一方面也使在以人类发展指数为工具评估社会福利发展时考虑到社会福利增长对环境的压力，同时也考虑城市在追求可持续发展时生态投入和城市人类发展的效率。本模型把资源投入、污染排放和人类发展指数结合起来，符合生态学方向和社会学方向的基本条件，而人类发展指数中 GDP 指标又反映了城市可持续发展的经济学方向。因此这一模型是从经济、社会、环境角度系统分析评估城市可持续发展水平。本评估包括的模块和其分析逻辑框架如图 2-3 所示。

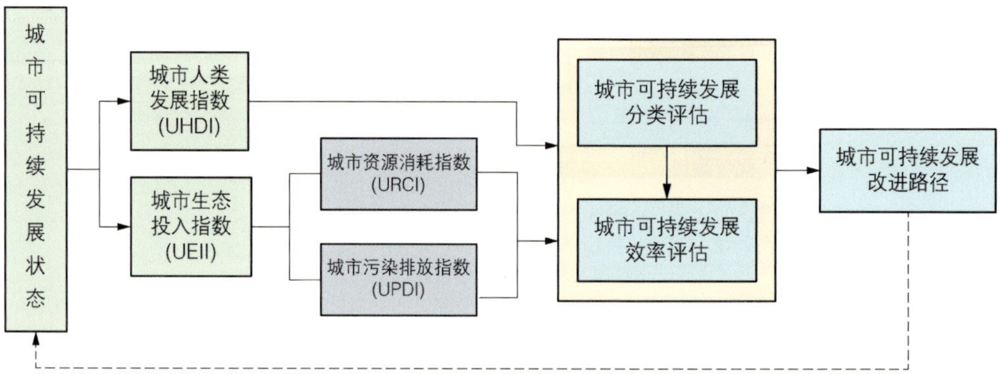

图 2-3 城市可持续发展评估模型

城市可持续发展状态由城市人类发展指数(Urban Human Development Index, UHDI)和城市生态投入指数(Urban Ecological Input Index, UEII)共同决定，而城市生态投入指数又由城市资源消耗指数和城市污染排放指数构成，这两类指数又分别对城市可持续发展状态产生影响。根据城市人类发展指数和城市生态投入指数可以对城市可持续发展进行分类评估，在分类评估的基础上又可以开展对城市发展效率的评估。根据城市可持续发展的分类评估和效率评估的结果，可以进一步针对城市发展的不同状态提出城市可持续发展的改进路径。城市可持续发展的行动是一个持续的、长期的过程，城市可以根据改进路径的实践状况对城市可持

① 诸大建，孟维华，徐萍. 1980—2005 年中国经济增长对福利的贡献[C]. 上海市社会科学界第六届学术年会论文集(2008)经济管理学科卷，2008：9-21.

续发展状态进行定期或不定期的评估，从而改进城市转型的具体路径、方式和手段。

2.2 城市可持续发展评估体系

根据城市可持续发展评估模型(图 2-3)，本书建立了三大评估模块，即：①衡量各目标城市可持续发展状态的生态投入和人类发展指数评估；②对目标城市可持续发展水平进行归纳和比较的分类评估；③基于生态投入和人类发展的效率评估。

2.2.1 城市可持续发展指数评估

(1) 城市生态投入指数及指标体系

生态与环境资源的投入是城市生存和发展的物质基础。然而生态与环境资源是有限的，城市可持续发展必然要体现在生态环境的投入与人类发展指数增长的脱钩，实现尽可能少地占用生态与环境资源。

本书的城市生态投入是指在一定时期内一定的人口、技术水平和经济规模下，城市发展所消耗的土地、能源、水以及污染排放等，通过对这些基础指标的归类和标准化处理得到城市资源消耗指数(Urban Resources Consumption Index, URCI)和城市污染排放指数(Urban Pollution Discharge Index, UPDI)，再由二者合成为城市生态投入指数(UEII)。

(2) 城市人类发展指数及指标体系

城市的发展归根结底是为城市居民谋福利，让居住在城市的人们舒适满意。城市人类发展是指一定时期内一定的人口、技术水平和经济规模下，在一定的生态投入基础上所带来的公共福利水平的增长。联合国人类发展指数(HDI)已经越来越多地被用来评估城市发展在提高人类生活福利方面的表现和程度。HDI 的提出对于认识以人为本的发展目标有着很多有益启示。城市人类发展指数的不断提高反映了城市人类发展水平的提高。

本书城市人类发展指数的设计是根据联合国 2015 年人类发展报告中所采用的 HDI 的技术方法①。HDI 衡量的是一个国家在人类发展三个基本方面的总体成果——寿命、知识和体面的生活，是由三项基础指标组成的综合指数，基础指标包括：①预期寿命，用出生时预期寿命来衡量；②教育程度，用学校教育年数和预期学校教育年数的平均衡量；③生活水平，用人均国民收入来衡量。

城市生态投入指数与人类发展指数的具体计算方法和相关数据来源将在第 3 章予以详述。

2.2.2 城市可持续发展分类评估

城市可持续发展是既考虑城市发展的规模和资源利用的限制，又考虑一定时期城市社会福利的发展程度。在运用城市可持续发展指数对城市可持续发展进行分类评估时一方面

---

① UNDP. 2015 Report Technical Notes [EB/OL]. http://hdr.undp.org/sites/default/files/hdr2015_technical_notes.pdf.

要考虑城市生态投入的门槛，另一方面要考虑城市人类发展的标杆。

以城市人类发展指数为 X 轴，城市生态投入指数为 Y 轴，建立城市可持续发展评估坐标。坐标系中的每一点代表对应城市人类发展和生态投入水平的相对位置，表示城市的可持续发展状态。

为了对城市可持续发展状况进行归类研究，本书分别以城市平均生态投入水平线和高人类发展水平线作为我国城市生态投入和城市福利产出的基准线。城市平均生态投入水平线以我国 35 个大中城市生态投入指数的平均值为基准，以联合国人类发展指数规定的 HDI 高于 0.8 的属于极高人类发展水平为基准，如图 2－4 所示，得到基于生态投入与人类发展的中国城市发展的四种类型。

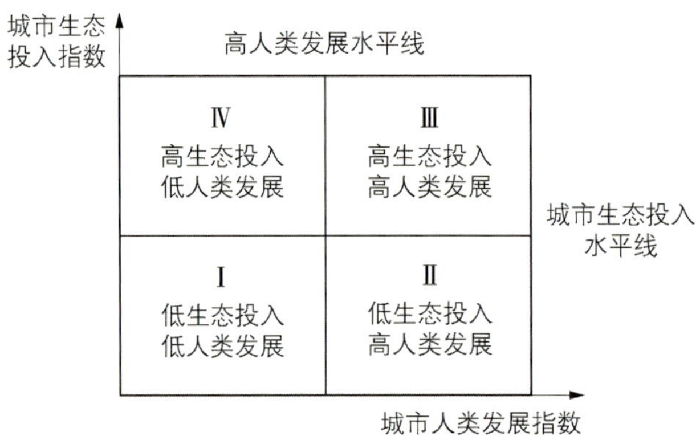

图 2－4　城市可持续发展分类评估模型

通过城市可持续发展分类评估模型对中国城市可持续发展进行评估，衡量城市在社会经济发展中利用生态的投入与城市人类发展的比例关系，可以得出四种不同的中国城市发展类型：第Ⅰ区域为低城市生态投入低城市人类发展；第Ⅱ区域为低城市生态投入高城市人类发展；第Ⅲ区域为高城市生态投入高城市人类发展；第Ⅳ区域为高城市生态投入低城市人类发展（表 2－1）。

表 2－1　城市可持续发展评估模型

区域	生态投入与人类发展特征	城市可持续发展水平
Ⅰ	低生态投入低人类发展	欠可持续发展
Ⅱ	低生态投入高人类发展	可持续发展
Ⅲ	高生态投入高人类发展	欠可持续发展
Ⅳ	高生态投入低人类发展	不可持续发展

2.2.3　城市可持续发展效率评估

通过城市可持续发展分类评估可以确定各城市在发展中生态投入和城市人类发展的对

比关系以及在模型中所处象限的位置，但是并不能回答这种生态投入和城市人类发展的配比是否达到最优，即城市可持续发展是否技术有效、规模有效和配置有效。为此，在上述城市可持续发展分类评估的基础上，将对城市生态投入和城市人类发展的效率进行评价。

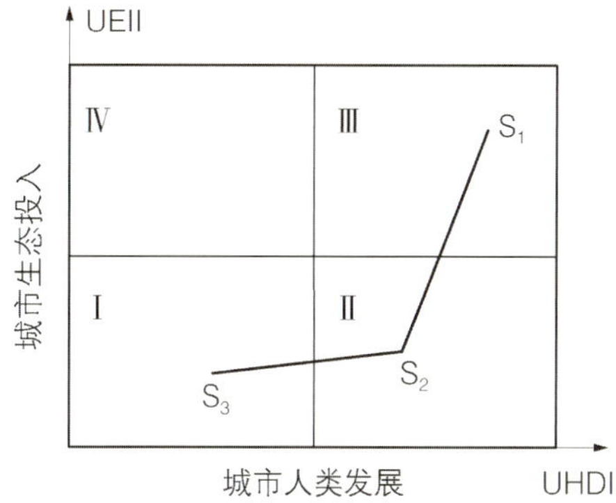

图 2-5　城市可持续发展效率评价模型

本书首先在城市可持续发展效率评估中引入数据包络分析（DEA）方法，运用 BBC 模型衡量城市生态投入和城市人类发展的相对效率，同时给出效率优化的改进方向。通过 DEA 模型计算结果得到有效前沿面 $S_1S_2S_3$，称为可持续发展效率前沿面。有效前沿面上的点表明在现有的经济结构、技术水平和管理模式下，实现了技术有效，即城市生态投入和城市人类发展的相对效率达到最优状态，如图 2-5 所示。

在有效前沿面左上方落点的城市在可持续发展上尚未达到技术有效，因为相对于前沿面上的点，这些城市在现有的经济结构、技术水平和管理模式下，或是城市生态投入消耗过多，或是城市人类发展水平不足，或是两者皆有。

规模有效包括生态投入规模有效和人类发展规模有效，生态投入规模有效是指城市发展中其生态投入低于城市平均生态投入水平线，人类发展规模有效是指人类发展指数高于极高人类发展水平线(0.8)。生态投入规模有效不一定代表人类发展规模有效，反过来，人类发展规模有效不一定是生态投入规模有效。对于既不能满足生态投入规模有效又不能满足人类发展规模有效的城市称为不可持续发展城市。

配置有效是在规模有效基础上对生态投入与人类发展的匹配程度的进一步考察。城市可持续发展追求同时满足生态投入规模有效和人类发展规模有效。同时满足两个有效的城市称为可持续发展城市，不能同时满足两个条件的城市都属于欠可持续发展城市。

在推动城市可持续发展转型过程中，提高政策之间的协同性是提高城市可持续发展政策体系有效运行的手段。减少城市生态半球的投入，提高城市发展半球的产出，涉及多部门多领域的政策推动，这就要求政府在制定有关减少资源消耗政策和污染排放政策时，注意与其他经济、社会政策的协同，同时也要重视资源消耗政策和污染排放政策之间的协同，找出影响城市生态投入和城市人类发展的关键因素、关键部门，进而找出减少城市生态投入和提高城市人类发展的最佳政策协同方式。

2.3　城市可持续发展模式和改进路径

2.3.1　城市可持续发展的模式

莱斯特・布朗把城市化和经济发展的模式分为两种，一种为“A 模式”，一种为“B 模式”。A 模式是以美国为首的发达国家的发展模式，其主要特征是城市低密度蔓延，私人轿车为主导的机动化、化石燃料为基础、一次性产品泛滥等。其结果是美国以占世界 5%的人口消费了 1/3 以上的世界能源。当今世界面临的各种资源环境问题正是世界各国在发展道路上走 A 模式造成的。A 模式以过度消耗地球自然资源为代价，经济增长和环境压力同步发展，经济高效率的取得以资源和自然环境巨大破坏为代价。建立在增加资源消耗和环境影响的城市发展 A 模式在中国是行不通的①。

城市发展的 B 模式是指由高生态投入高人类发展转向低生态投入高人类的城市发展模式，这种模式是以生态投入和增长繁荣绝对脱钩为特点的。城市发展 B 模式追求的不是更大的发展而是追求更好的发展，它追求的是在城市发展超过生态门槛后退后式的发展，即在城市人均生态投入量超过世界人均生态投入量的条件下，在降低生态投入量的同时，提高或维持现有的城市人类发展水平。这一模式以生态经济发展为中心，强调低碳可再生能源、物质再生性利用和能效革命，构建生态经济发展新模式。在城市的发展上，以太阳能、氢能为主要能源，以公共轨道系统为城市公共交通的主要方式，多用自行车少用汽车，设计新型材料，保障粮食生产和保护森林，重建适于人居住的城市。用 B 模式不加区分地解决发达地区城市稳态发展和欠发达地区城市的生存发展问题显然有失偏颇。发达国家的基本需求已经满足，因此需要在生态投入上大幅度进行"减肥"；而发展中国家就像一个正在长身体的孩子，基本需要尚没有得到满足，因此仍然需要合理的资源环境消耗扩张②。

中国学者诸大建提出 C 模式。C 模式是指由低生态投入低人类发展转向低生态投入高人类发展模式，追求的是城市发展在生态门槛极限内的跨越式发展，避免走生态投入先增加后减少或所谓"先污染、后治理"的传统 A 模式道路。这种模式是以经济增长与生态投入相对脱钩的发展形式，即生态投入不超过阈值的情况下提高城市的人类发展发展水平。相对稀缺的自然资源与并不乐观的环境压力，使得发展中国家不能继续走 A 模式的老路。同时，受限于整体的经济社会发展水平，也不能不顾自身发展需要去追求 B 模式。C 模式正是一种在自然资源与环境双重压力下与发展中国家未来发展相适应的发展模式③。

选择 C 模式的城市，需要从生态投入与城市人类发展两个方面同时进行改进。主要从新型产业化、新型城市化以及新型现代化三个领域入手，同时设法从技术和管理机制两个方面提高资源生产率，通过改革机制，完善法律法规方面促进城市各项人类发展指标的提高，使市民能够过上体面的生活。在推动新型产业化的过程中，生产方式从粗放型向集约型转变，应当注重提升资源节约、环境友好型的新型制造业和第三产业比重，其次，需要对高消耗、高排放的第二产业进行减物质化的改造与提升，另外，发展对生产和消费后的废弃物再加工利用的所谓"静脉产业"，将原来的对资源环境的压力转化为经济活动的动力。在新型城市化过程中，必须注重节地、节能、节水、节材，并坚持在空间上走紧凑发展的道路，注重生态聚集群的建设，实现生活系统和生产系统的和谐共生，保证两大系统的减物质化和减污染化。新型现代化则应当着眼于生活质量的提高，一方面需要减少社会生活对于一次性用品的依赖，以性能好、持久性强的产品替代"用完即弃"的一次性用品，减少物质化增长；另一方面，鼓励和使用具有共享性质的生活用品和城市设施，例如以城市轨道交通为主的出行模式来替代以小汽车为中心的出行模式。

---

① 莱斯特·R·布朗."B模式"2.0——拯救地球，延续文明[M].北京：东方出版社，2006.

② 诸大建.从布朗B模式到中国发展C模式[J].沪港经济，2010(6)：17.

③ 诸大建.C模式：自然资本约束条件下的中国发展[N].解放日报，2015-10-10.

未来中国城市可持续发展面临两个重要的脱钩任务：一是经济增长与生态投入的脱钩，即经济增长是低物质化的，这意味着未来城市的生产和消费必须是资源节约型和环境友好型的。二是生活质量与经济增长的脱钩，即要求在经济增长规模得到控制或人均资本存量稳定的情况下提高生活质量。这两个重要脱钩清晰地表达了以社会福利增长为目标可持续发展城市和以经济增长为目标的传统的城市发展路径的实质区别。① 然而中国地域广阔，城市发展在南北之间、东、中、西部之间的发展不平衡，在东部发达地区一些城市已经达到中等发达国家水平，而在广大的中西部城市仍处于工业化、现代化的初级阶段，因此中国城市可持续发展路径上 B 模式和 C 模式在未来较长一段时期将同时存在。

无论中国城市采取哪种模式走可持续发展道路，每一个城市都面临着面向可持续发展的转型任务。因此，有必要针对中国城市可持续发展的不同状态，在提出发展模式的选择建议和相应的改进路径基础上，进一步对如何改进提出建议。

2.3.2 城市可持续发展的改进路径

城市发展的不同阶段，以及发展中资源环境的实际情况，决定了中国城市转型发展的多样性，应当制定不同的鼓励引导政策，实现不同的转型路径。② 本书的亮点正是在于对中国城市可持续发展的不同状态，提出了不同的发展模式选择建议和相应的改进路径。

未来中国城市的可持续发展道路，不能再走 A 模式的老路，B 模式和 C 模式将在很长一段时期并存，在面向效率优化的改进路径上不能追求一刀切，而是因地制宜地根据不同城市的实际情况提出生态投入和城市人类发展的提质、扩容、优化的改进路径。

针对高生态投入高人类发展状态的城市，建议选择 B 模式，城市可持续发展选择“提质”路径，实现低生态投入高人类发展的目的。所谓“提质”是指城市发展中在至少不降低人类发展水平前提下，不仅提高生态投入产出效率，还不断降低生态资源消耗、减少污染排放的总量。

针对低生态投入低人类发展类型的城市，建议选择 C 模式，城市可持续发展改进路径上选择扩容路径。所谓“扩容”是指城市可持续发展以提高人类发展水平为主要目标，在生态投入阈值内，在提高生态投入产出效率的前提下，资源消耗和污染排放的总量仍有所增加，但是单位产出的资源投入和污染排放将下降。

已经处于低生态投入高人类发展类型的城市，这类城市已经处于可持续发展状态，本书将适合它们的发展模式定义为 S 模式（Sustainability）。S 模式是指在可持续发展区间做持续优化的发展模式。所谓“优化”是指城市进一步降低生态投入，提高人类发展水平，追求最佳城市生态投入产出效率，是未来所有城市发展不断追求卓越，不断超越的共同目标。

对于高生态投入低人类发展类型的城市，在发展模式的选择上 B 模式和 C 模式均不能有效地达成可持续发展目标。本书将适合它们的发展模式定义为 D 模式（Dual-track）。这类城市在可持续发展中同时面临两大任务，即一方面要降低城市的资源消耗和污染排放总

① 诸大建. 中国发展 3.0：生态文明下的绿色发展——深化中国生态文明研究的 10 个思考[C]. 上海市社科学界第七届学术年会文集（2009 年度）经济与管理学科卷，2009：1－12.

② 魏后凯. 论中国城市转型战略[J]. 城市与区域规划研究，2011(1)：1－19.

量，另一方面要提高人类发展水平，对于前者，如果仅采用提质路径，则会陷入人类发展水平不够的困境；对于后者，如仅采用扩容路径，则又有可能产生资源消耗和污染排放总量继续增加，导致当地生态进一步恶化的困境。

把两轴四象限城市可持续分类评估模型与城市改进发展路径相配比，可以明确中国城市可持续发展的模式和改进路径，如表 2－2 所示。

表 2－2　城市可持续发展模式和路径选择

区域	城市生态福利绩效特点	发展模式选择	改进路径选择
Ⅰ区	低生态投入低人类发展	C 模式	扩容
Ⅱ区	低生态投入高人类发展	S 模式	优化
Ⅲ区	高生态投入高人类发展	B 模式	提质
Ⅳ区	高生态投入低人类发展	D 模式	提质＋扩容

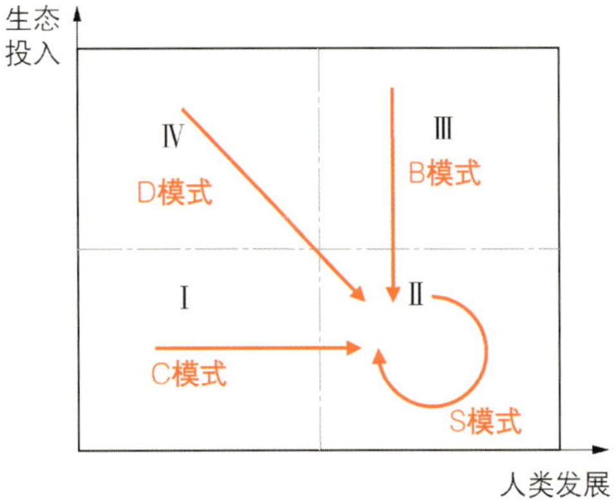

图 2－6　城市可持续发展改进路线

各区域中的城市可持续发展的具体路线，如图 2－6 所示。

Ⅰ区属于低城市生态投入低城市人类发展类型，其城市生态投入水平低于中国城市生态投入平均水平，城市人类发展水平低于高人类发展水平，因此这类城市应该选择走提高人均生态投入水平与提高人类发展水平相对脱钩的城市发展 C 模式。在其改进路径的选择上选择扩容。

Ⅱ区属于低城市生态投入高城市人类发展类型，其城市生态投入水平低于中国城市生态投入平均水平，而其城市人类发展水平已经超过高度人类发展水平，是城市可持续发展的理想状态，该区域中的城市应该选择追求城市稳态发展的 S 模式。在其不断追求高质量发展的改进路径上选择持续优化。

Ⅲ区属于高城市生态投入高城市人类发展，其城市生态投入水平已经超过中国城市生态投入平均水平，同时其城市人类发展水平也超过了高人类发展水平。该域城市应削减生态投入，走可持续发展 B 模式，在改进路径上提质。

Ⅳ区属于高城市生态投入低城市人类发展，其城市生态投入水平高于中国城市生态投入平均水平，但其城市发展水平却低于高人类发展水平，是城市不可持续发展状态。因此在该区域的城市应减少城市生态投入，提高城市人类发展，走城市可持续发展的 D 模式。在改进路径上选择扩容和提质。

2.3.3　城市可持续发展改进策略

城市可持续发展的改进充分考虑本地的发展阶段和发展水平，从对象（经济、社会、环境)—主体(政府、企业、社会组织)—过程(状态、原因、反应)三个方面进行整合,选择合适的技术,设计适宜的制度和政策工具,形成推动可持续发展的合力,推动本地可持续发展的战略重点和路径。

城市可持续发展对象维度的整合,强调城市发展的生产、生活、生态三者协调,在资源环境生态有约束的条件下,追求城市居民的生活质量的提高。因此可持续性导向的城市发展,是以人为本的城市化,是基于经济、社会、环境三个维度的人的发展。这不同于过去的以物为中心,依靠土地扩张、资源消耗驱动的城市化进程,这种城市化的结果往往是经济、社会、环境不相协调,宜居性差。

城市可持续发展的主体维度的整合,就是要强调城市发展中政府、企业、社会等相关利益者的互动,实现城市可持续发展要求的政府与市场、市场与社会、政府与市场界面的合作。城市可持续发展涉及经济、社会、环境方面的不同利益,这需要充分发挥各相关利益者最大程度地发挥城市发展主体的作用,在不同利益之间达到某种程度的妥协与平衡,实现公众参与和合作治理。

城市可持续发展的过程维度的整合,就是要强调城市发展的规划、建设、运行管理要前后一致、互相统筹协调。传统的城市管理的各个部门和各个环节常常是条块分割,缺乏整合,就事论事治标不治本。过程维度的整合就是要从管理制度上变革城市管理的过程,使城市管理由被动式管理转变为源头预防的全过程管理。

2.3.4 城市可持续发展改进手段

在城市可持续发展的对象—主体—过程的整合过程中,需要采用各种手段来推动整合的实现。

(1) 技术手段

技术进步与创新能力的提升不仅能够加强对生态环境的保护,还可以加快产业结构与产业升级的步伐。运用技术手段推动城市可持续发展可以从生产的过程创新、产品创新、产品替代和城市的系统结构的改进思路着手。

现代城市化的发展得益于支撑城市发展的道路、交通、楼宇、电网、电气化等技术的发展,并且随着城市的发展,技术支持的力量不断升级以满足人类城市发展的需要。中国城市转型发展,需要全面、系统、完整的技术支撑作保障。借鉴国内外的最新理念、技术以及发展经验最新的科技必须用于支持所有城市的基础设施的规划、建造和使用。① 城市管理者应该在交通、能源、建筑、工业、基础设施的系统集成方面提高城市可持续发展的可持续性。

在交通方面,鉴于中国城市普遍的拥堵现状,改善交通效率势在必行。一方面,中国城市需大力建设轨道交通等公共交通系统,另一方面应当应用类似整合交通平台(Integrated Mobility Platform, IMP)的技术整合交通信息,实现所有交通工具(地铁、有轨电车、公共汽车、私人汽车、步行道、停车点等)之间的协同,并通过个人通信工具(如手机)实时指导每个人的交通行为,优化城市的整体交通并改善空气质量。

① Tim Dixon. Sustainable Urban Development to 2050: Complex Transition in the Built Environment of Cities, Retrofit 2050 Working Paper [EB/OL]. 2011. http://centaur.reading.ac.uk/28841/.

在能源方面，一方面要加快新能源、可再生能源的开发，另一方面要提高能源供应的可持续性，通过采用智能电网技术平衡用电量，提高能源使用的效率，同时通过安装分布式发电和可再生能源，提高能源生产和输送的效率，减少污染的排放。

在城市建筑方面，采用区域能源中心集中提供冷热电，实现大楼的智能化管理及接入智能电网，并极大地提高建筑的效率和舒适度。同时，通过开发结合医疗设施和服务的建筑，进一步提高人们的生活质量，方便行动不便、残疾、老年人和其他人群的需求，体现人性关怀。

在产业方面，必须抓住当前互联网＋的发展机遇，积极推动信息化与工业化的深度融合，依托《中国制造 2025》，实施制造强国战略的第一个十年的行动纲领，推动城市产业结构的转型升级。突破一批重点领域关键性技术，促进制造业数字化、网络化和智能化，加强节能环保技术、工艺、装备的推广应用，推行清洁生产技术，发展循环技术、资源综合利用技术，推广和应用以绿色、智能协同为特征的先进设计技术。① 这样不仅可以促进落后产能的淘汰、工艺和传统产业的转型升级，减少资源的浪费和污染的排放，发展资源节约、环境友好型产业，也可以促进资源的节约、深加工与综合利用，也有利于满足人们居住环境的改善和生活质量的提高，有利于生态环境的保护和城市的可持续发展。

在传统的城市管理和基础设施建设中，交通、能源、建筑等各个子系统是相互独立的，甚至子系统内部（例如交通）还有更多独立管理的子子系统，这妨碍了城市效率的提升，浪费了宝贵的资源。因此，城市的可持续发展转型还应该重视技术的系统整合，大力推广低成本、高回报的低碳、绿色、减排的适宜技术，并且在条件成熟的城市或区域中开展示范工程，然后在有效监督条件下，遵循实际应用条件对技术的应用整合进行推广实施。

除了技术升级和技术的集成推动城市的可持续发展，城市政府还应该重视社会系统的管理创新。通过革新社会系统、变革城市的结构和管理组织，可以达到倍数 20 的资源生产率。比如，不求所有但求所用的交通分享，能够合理地调度交通，减少城市的碳排放，缓解交通的拥堵。

（2）制度手段

实现城市的可持续发展依靠持续的制度改革，不论是城市管理者还是可持续行动的参与者，都希望在城市可持续发展的转型中有好的制度保障。政治和制度障碍对城市推动可持续性转型具有突出的作用。② 当前中国城市既存在制度供给过剩也存在制度供给不足的问题，制度供给过剩是指城市中存在太多与可持续发展方向不相符合的制度，而制度供给不足是指城市中缺乏能够推动生态资源节约、环境保护和社会福利增长的相关制度安排。在制度供给过剩的领域，政府需要放松管制，解决政府失灵或政府低效问题；在制度供给不足领域，政府需要设计相关的行政政策、经济政策和公众参与的政策来解决可持续发展转型的制度激励问题。

城市推动可持续发展，首先要进行一系列的制度改革，为实现可持续发展奠定良好的制度环境。在政府体制方面，城市政府需要转变政府职能，理顺城市政府与上级政府以及与其

---

① 国务院. 中国制造 2025. 中华人民共和国人民政府网站[EB/OL]. [2015－05－08]. http://www.gov.cn/zhengce/content/2015－05/19/content_9784.htm/.

② Bai Xuemei, Roberts Brian, Chen Jing. Urban Sustainability Experiments in Asia: Patterns and Pathways[J]. Environmental Science & Policy, 2010(13): 312－325.

他城市政府之间的关系，在政府的职能方面更多地体现社会管理和公共服务的职能。制度改革的内容包括价格制度改革、金融制度改革、土地制度改革、环境评价制度改革、知识产权制度改革、户籍制度改革、政府管制制度改革、科研教育制度改革等，加大浪费资源和破坏环境行为的成本，同时还需要改革以地方 GDP 增长率作为地方政府官员升迁依据的官员考核制度。

中国城市推动可持续发展，需要创建公私合作的治理制度。当前，城市推进可持续发展离不开政府的作用，政府单一主体制定生态城市、智慧城市、低碳城市以及应对气候变化的发展规划，难以被市场和社会接受。城市的可持续发展转型，需要把政策设计的主体从以往单一依靠政府、企业转变为依靠公众多元主体联动的机制上来。城市需要建立包括教育、研究、决策和创新、金融机构、企业家、消费者、监督和评估政府机构、非政府组织、社区组织和其他利益相关者在内的一系列社会组织。良好的公私合作伙伴关系不仅帮助利益相关者之间的合作协调，还可以在利益相关者之间动员不同的资产和资源，从而产生协同效益。① 公私合作的治理制度不仅体现在城市推动可持续发展的决策、管理过程，同时也体现在城市在推动可持续发展的各项基础设施或公共服务方面的投资。

城市可持续发展的转型，还需要建立符合可持续发展要求的规章制度、财政与金融制度。政府规制是指政府根据法律法规、标准、产权界定或自愿协议对微观主体的经济活动实行一种干预政策。政府通过一系列经济规制手段来改善经济环境，保护在政治、经济、社会发展中的弱势群体，保护生态环境免遭产业行为的危害，推动企业的节能减排和绿色低碳的转型。在财政与金融制度方面，城市政府可以从影响成本——收益，减少投资的风险入手，改变利益相关者的投资行为、生产行为以及消费行为，纠正他们破坏环境的不合理行为，以便最终有利于环境改善的一种政策手段。科斯手段和庇古手段是解决环境问题的两大重要经济手段，其本质上是通过创建和利用市场来解决发展中的“外部不经济和市场失灵”问题，但是庇古手段侧重于通过“看得见的手”，即政府的干预来解决市场失灵问题，如收费、补贴、押金—退还、征税、绿色债券等；而科斯手段则是侧重于通过“看不见的手”，即通过建立市场机制来解决问题，如污染权交易制度，包括直接投资、碳指标交易和银行贷款在内的碳金融市场等。

（3）管理手段

城市的转型管理是一个在可持续发展目标的引导下通过技术、制度和实践的变化使整个城市提高可持续性的治理过程，在这个过程中，城市通过落实可持续发展政策推动城市的可持续发展转型。城市可持续发展的管理过程包括可持续发展管理的规划与决策、可持续发展管理决策执行、可持续发展管理的评估以及可持续发展管理的信息反馈环节。

在城市的可持续发展转型中，综合决策是规划决策的基础，要求城市的每一项决策和政策都要实现经济、社会、环境的整合。在两个半球的理论下，经济和社会发展的城市发展半球最终取决于城市生态半球的状况。这也决定了在城市的可持续发展规划中要关注的内容。

可持续发展规划和决策是对城市可持续发展战略目标的具体落实。在这个阶段，城市

① Shimomura Tetsuya, Tadashi Matsumoto. Policies to Enhance the Physical Urban Environment for Competitiveness: A new Partnership between public and private sectors [J]. OECD Regional Development Working Papers, 2010(1).

要对国际国内城市可持续发展存在的机遇和挑战进行全方位多层次的分析评估，确定本地的城市发展阶段，确定可持续发展规划目标与指标，并制定具体的行动方案，明确每个行动实施主体和实施的内容。在城市政府的可持续转型的行动方案中要包括三个基本内容：第一是技术路线，它要回答城市如何选择合适的技术手段来实现城市规划的政策目标，城市要通过哪些渠道可以获得这些技术，需要哪些研发政策和行动来支持这些技术的选择和应用等；二是制度路线，要回答在城市相关领域，如规划、产业、能源、建筑、交通、气候变化适应等，通过什么样的制度设计来落实拟订的可持续发展目标，其中包括如何运用已经获得的技术手段；三是能力建设，包括信息搜集、管理和发布能力、政策协调能力、政策执行能力、科技研发能力等。

城市可持续发展规划的执行就是通过具体、灵活、有效的技术、管制、经济宣传教育等工具，把已经生效的规划决策结果，通过技术路线、制度路线和能力建设路线的执行，落实到政府的日常工作和城市运行的具体领域中。在规划形成及决策形成阶段，利益相关者往往为了达成最终方案使用模糊语言以促成政策的决策过程，但是到了决策执行阶段，不可避免地会产生资源的重新配置和控制权的转移，产生获益者和损失者。这时就不可避免地产生了城市可持续发展转型的障碍。为了使城市可持续发展规划决策能够顺利执行，一方面需要城市政府通过行政流程再造突破可持续发展中的制度障碍，另一方面还需要运用技术、管制、市场、财政、金融、宣传教育等多种手段来驱动决策的执行。各地方、各部门需要结合自身发展阶段、经济社会和环境的背景以及现有的政策框架选择与平衡相关的执行方法和手段的组合，提高决策执行的有效性。

可持续发展战略的实施没有现成的、系统的经验和模式可以借鉴，同时可持续发展涉及经济、社会、人口、资源、环境等领域，实施可持续发展战略是跨部门、跨行业、跨区域的系统工程，因此城市的可持续发展转型需要各地、各部门的不断探索和实践，走出多种多样的发展模式和经验。所以在可持续发展战略的执行过程中，充分运用示范管理手段，发挥样板、示范地区的带动作用显得尤为重要。

城市可持续发展的评估就是从可持续发展角度来监督和判断城市的可持续发展规划的执行状况。通过可持续发展评估可以检验城市发展规划在执行过程中所采用的方式、方法是否合适、目标定位是否合适以及实践所造成的影响。通过评估结果和评估分析能够找到经济、环境和社会条件、压力以及反应的变化，从而确定可持续发展的优先领域和优先政策，实现经济、环境和社会目标的权衡，为下一阶段的城市可持续行动提供反馈信息。

值得重视的是城市可持续发展转型管理的各个环节中，始终贯穿于各个环节的是各阶层、各利益群体的广泛参与，它是城市推进可持续发展的决策、执行以及评估等各个管理环节工作深化的重要力量。可持续发展问题错综复杂，牵涉广泛，与公众问题、社会公正等问题联系紧密，与社会领域的各个方面都分不开，因此在可持续发展规划、执行以及评估中都离不开公众参与。国际国内城市可持续发展的实践经验证明，自下而上的参与手段是非常有效和具有包容性的，自上而下的顶层设计和自下而上的公众参与结合在一起能有效地推动城市的可持续发展转型。

城市可持续发展评估方法与数据采集处理

对于城市的可持续发展评估，本书将采用数据包络分析(Data Envelopment Analysis, DEA)作为主要分析工具。与其他效率评估方法相比较，DEA方法具有无须考虑生产函数关系、无须预先估计任何参数或权重、对样本数量要求不高，以及不受选取指标的单位或量纲影响等显著优势。因此DEA理论可以在许多参数统计方法无法理想使用的情况下，发挥优势并取得令人满意的分析结果。本书将“生态投入指数”作为输入指标，将“人类发展指数”作为输出指标，运用DEA方法的经典模型，计算相对于生态投入的人类发展的福利绩效，并对各城市的可持续发展效率进行评估。

3.1 数据包络分析(DEA)方法

DEA是评价具有多种投入与多种产出的同质决策单元(Decision Making Units, DMUs)相对效率的非参数规划方法，是运筹学、管理科学、系统科学与数理经济学多学科交融的重要研究领域之一。DEA方法的基本原理是通过建立规划模型来实现评价具有多投入多产出决策单元之间的相对有效性，以及获取更多相关的有用信息。该方法自1978年由三位学者Charnes, Cooper, Rhodes① 首次共同提出以来，被广泛运用于各行各业和各种实践场景下的绩效评价。所谓决策单元的同质性，包括决策单元具备相同的目标和任务、具有相同的运作性质和外部环境、拥有一致的多维度输入和输出指标。本书中的评价对象即决策单元为生态投入和人类发展刻画下的中国35个大中城市及长三角地区的16个城市，基本符合同质性要求。

3.1.1 DEA效率

DEA效率值(DEA Efficiency)所度量的是决策单元的实际生产能力与其所对应的前沿

① Charnes A, Cooper W W, Rhodes E. Measuring the Efficiency of Decision Making Units [J]. European Journal of Operational Research, 1978(2): 429-444.

生产能力之间的差距，一般通过求解相应 DEA 模型而得到。Farrell[①] 首次提出多投入下的企业效率评估的概念，并进行了技术效率测量：

$$企业效率 = \frac{实际产出水平}{前沿产出水平} \tag{3.1}$$

Farrell 将生产单元或决策单元(DMU)的经济效率(Economic Efficiency, EE)划分为技术效率(Technical Efficiency, TE)和配置效率(Allocative Efficiency, AE)两类。其中，技术效率是指在投入要素固定的前提下，某 DMU 的实际产出量同理想状态下的产出量(即同样投入下可以实现的最大产出)之比。如果实际产出与理想产出之间存在差距，则说明该 DMU 是非技术有效的。技术效率代表在既定投入水平下，利用现有技术条件可以获取的最大产出能力。配置效率则表示在产出量固定以及技术有效的前提下，某 DMU 的最小成本与实际成本之比。配置效率反映了在既定的生产技术条件和价格水平下，DMU 最优配置投入要素的能力。

DEA 效率所反映的是一种相对效率，并非绝对效率，评估结果是相对于某一个特定的生产可能集(或参考集)而言的。如果生产可能集一旦发生变化，那么技术效率也很有可能会随之产生变化。比如，本书是分别对于 35 个大中城市和 16 个长三角城市进行各自的可持续发展效率评价，如果将两组共 51 个城市放入同一个参考集合中，便会得到不同的效率结果。另外，DEA 效率值所度量的是决策单元的实际生产能力与其所对应的前沿(最大可能)生产能力之间的差距，实际生产能力不会优于理想生产能力，因此在一般情况下，DEA 效率值在[0, 1]之间，并且没有量纲之分。

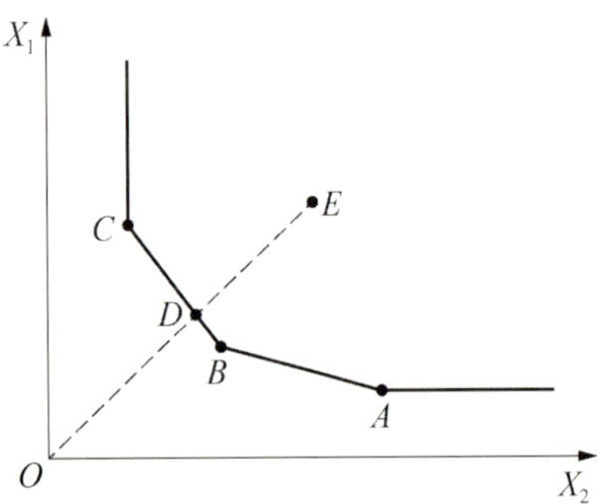

图 3-1　DEA 效率的基本分析原理

下面以图 3-1 所示的双投入、单产出的五个决策单元 A、B、C、D、E 为例，来说明 DEA 效率的基本分析原理，在此例中，所有决策单元具有相等的产出量。

决策单元 A、B、C、D 位于生产前沿面(包络面)上，因此都是技术有效的。而决策单元 E 在包络面的右上方，是非技术有效的。生产前沿面是由一系列分线段组成的等产量线的组合，使得所有决策单元均位于前沿面上或其上方位置。非有效决策单元 E 在前沿面上对应的决策单元为 D，决策单元 D 可以表示为 B 和 C 的线性组合，使用 D 的投入量就可以制造出和 E 等量的产出水平。这说明决策单元 E 消耗了过多的投入资源，相对于技术有效的 D 来说，E 是无效的，其效率值可以用 OD/OE 来度量。图 3-1 表明 $OD/OE < 1$，决策单元 E 是技术无效(非技术有效)的；而如果 $OD/OE = 1$，则说明 E 与 D 在前沿面上重合，决策单元 E 也是有效的。

DEA 正是基于上述思想，通过被评价决策单元与其对应生产前沿面上的线性组合的距离比值，构造线性规划模型来评价各个决策单元的相对效率。该方法已经日益成为管理科学与系统工程领域一种重要而有效的数学分析工具。

---

① Farrell M J. The Measurement of Productive Efficiency [J]. Journal of the Royal Statistic Society, 1957, 120(3): 253-281.

3.1.2 数据包络分析理论基本假设

假设一个生产系统中有独立且同质的 n 个决策单元(DMU),用 $DMU_j(j=1, 2, \cdots, n)$ 表示。每个决策单元都消耗同样 m 种投入以制造同样 s 种产品,投入和产出向量分别记为:

$$X_j=(x_{1j}, \cdots, x_{mj})^{\mathrm{T}}, Y_j=(y_{1j}, \cdots, y_{sj})^{\mathrm{T}}, j=1, \cdots, n \tag{3.2}$$

由上述 n 对投入—产出向量组成的集合 T 称为参考集:

$$T=\{(X_1, Y_1), (X_2, Y_2), \cdots, (X_n, Y_n)\} \tag{3.3}$$

集合 $T=\{(X, Y) \mid$ 投入 X 可以产出 $Y\}$ 称为所有可能的生产活动所构成的生产可能集,一般满足如下的公理假设:平凡公理、凸性公理、锥性公理(收缩性公理、扩张性公理)、无效性公理、最小性公理。基于上述几个基本公理,可以得到几种最为经典的 DEA 模型的生产可能集①:本书选用了其中一种——加入凸性约束条件的 BCC 模型。

满足以上除锥性公理以外的其他所有公理的生产可能集为:

$$T_{BCC}=\left\{(X, Y) \mid \sum_{j=1}^{n}\lambda_j X_j \leqslant X, \sum_{j=1}^{n}\lambda_j Y_j \geqslant Y, \sum_{j=1}^{n}\lambda_j=1, \lambda_j \geqslant 0, j=1, \cdots, n\right\} \tag{3.4}$$

3.1.3 规模收益可变的 BCC 模型

BCC 模型由 Banker, Charnes 和 Cooper② 提出,以研究在规模收益可变(Variable Returns to Scale, VRS)的假设下,决策单元的效率评价问题。基于投入和基于产出的 BCC 模型分别如下:

$$\begin{aligned}
&\operatorname{Min} \theta_o\\
&\text{s. t.} \sum_{j=1}^{n}\lambda_j x_{ij} \leqslant \theta_o x_{io}, i=1, \cdots, m\\
&\sum_{j=1}^{n}\lambda_j y_{rj} \geqslant y_{ro}, r=1, \cdots, s\\
&\sum_{j=1}^{n}\lambda_j=1\\
&\lambda_j \geqslant 0, j=1, \cdots, n
\end{aligned} \tag{3.5}$$

$$\begin{aligned}
&\operatorname{Max} \varphi_o\\
&\text{s. t.} \sum_{j=1}^{n}\lambda_j x_{ij} \leqslant x_{io}, i=1, \cdots, m
\end{aligned}$$

① 魏权龄. 数据包络分析[M]. 北京:科学出版社,2004.

② Banker R D, Charnes A, Cooper W W. Some Models for Estimating Technical and Scale Inefficiencies in Data Envelopment Analysis [J]. Management Science, 1984, 30: 1078 - 1092.

$$\sum_{j=1}^{n}\lambda_j y_{rj} \geqslant \varphi_o y_{ro},\ r=1,\ \cdots,\ s$$
$$\sum_{j=1}^{n}\lambda_j = 1$$
$$\lambda_j \geqslant 0,\ j=1,\ \cdots,\ n \tag{3.6}$$

基于投入或产出的 DEA 模型都具有其各自的经济意义。投入导向模型是在保持产出不变的前提下，研究各 *DMU* 的投入状况：当 $\theta_o^* < 1$ 时，说明 DMU_o 在生产过程中不必要地消耗了过多的投入资源，所有投入要素可以按照比例 θ_o^* 进行同比例缩小，也说明 DMU_o 是非有效的；当 $\theta_o^* = 1$ 时，说明 DMU_o 的所有投入不可能同时按照同一比例缩小，DMU_o 至少是弱有效的；当 $\theta_o^* = 1$ 且各个松弛变量均为零时，说明 DMU_o 的任何投入量均不可能再减少，DMU_o 是有效的。另一方面，产出导向模型是在保持投入不变的前提下，分析各 *DMU* 的产出情况：当 $\varphi_o^* > 1$ 时，说明 DMU_o 在生产过程中没有达到技术可行范围内的生产能力，所有产出均可以按照同一比例 φ_o^* 进行扩大，也说明 DMU_o 是非有效的；当 $\varphi_o^* = 1$ 时，说明 DMU_o 的所有产出不可能同时按照同一比例扩大，DMU_o 至少是弱有效的；当 $\varphi_o^* = 1$ 且各个松弛变量均为零时，说明在现有投入水平下 DMU_o 的任何产出量均不可能再增加，DMU_o 是有效的。

BCC 模型的求解结果是决策单元的技术效率，即使针对同一参考集，同一 *DMU* 在不同导向模型下的 BCC 效率值也可能不同。因此，在使用 BCC 模型时，一定要注意模型的导向选择（Cooper 等，2000）①。

本书主要采用规模收益可变假设下的 BCC 模型进行城市可持续发展效率评估。具体效率评估中，分两条线路展开：一条线路是将资源消耗指数与污染排放指数均视为投入指标，赋予相等权重（0.5）求平均值，综合成单一的投入指标——城市生态投入指数，结合代表产出能力的人类发展指数进行单投入—单产出的可持续发展效率评价；另一条线路则是利用 DEA 理论中的加性模型来计算为了实现有效状态，各城市分别在消耗、排放与发展指数上的最佳改进目标，以提供具有实践指导意义的决策支持和建议。

DEA 加性模型（3.7）由 Charnes 等②提出，旨在通过优化松弛变量来寻求改进非有效决策单元的最佳路径。

$$\text{Max}\sum_{i=1}^{m} s_{io}^- + \sum_{r=1}^{s} s_{ro}^+$$
$$\text{s. t.}\ \sum_{j=1}^{n}\lambda_j x_{ij} + s_{io}^- = x_{io},\ i=1,\ 2,\ \cdots,\ m$$
$$\sum_{j=1}^{n}\lambda_j y_{rj} - s_{ro}^+ = y_{ro},\ r=1,\ 2,\ \cdots,\ s$$
$$\lambda_j,\ s_{io}^-,\ s_{ro}^+ \geqslant 0,\ j=1,\ 2,\ \cdots,\ n,\ i=1,\ 2,\ \cdots,\ m,\ r=1,\ 2,\ \cdots,\ s \tag{3.7}$$

---

① Cooper WW, Seiford LM, Tone K. Data envelopment analysis: A comprehensive text with models, applications, references and DEA-Solver software [M]. Boston: Kluwer Academic Publishers, 2000.

② Charnes A, Cooper WW, Seiford LM, Stutz J. A multiplicative model for efficiency analysis [J]. Socio-Economic Planning Sciences, 1982,16 (5),223 - 224.

其中 s_{io}^- 和 s_{ro}^+ 分别为待评价决策单元 DMU_o 的投入和产出的松弛变量，DMU_o 有效而且仅当所有松弛变量均为零。

3.2 城市可持续发展评估指标体系与数据采集处理

如前文(2.2 节)所述，城市可持续发展状态由城市人类发展指数(UHDI)和城市生态投入指数(UEII)共同决定，城市可持续发展的指数评估、分类评估、效率评估等三大模块均以此为基础。以下对这两个指数及相应的指标构成、计算方法及数据来源进行详细说明。

3.2.1 城市人类发展指数及指标说明

本书的城市人类发展指数(UHDI)采用了联合国 2015 年人类发展报告中的计算方法与公式①。依据该报告，城市人类发展指数(UHDI)由城市预期寿命指标(Life Expectancy Index，LEI)、教育指标(Education Index，EI)和收入指标(Income Index，II)三个分项指标求几何平均值得来，城市人类发展指数及各分项指标的计算公式如下：

$$HDI = \sqrt[3]{LEI \times EI \times II} \tag{3.8}$$

式中：

$$LEI = \frac{LE - 20}{85 - 20} \tag{3.9}$$

$$EI = \frac{MYSI + EYSI}{2} \tag{3.10}$$

式中，$MYSI$ 为学校教育年数指数；$EYSI$ 为预期学校教育年数指数。

$$MYSI = \frac{MYS - 0}{15 - 0} \tag{3.11}$$

$$EYSI = \frac{EYS - 0}{18 - 0} \tag{3.12}$$

$$II = \frac{\ln(GNI_{pc}) - \ln 100}{\ln 75\,000 - \ln 100} \tag{3.13}$$

(1) 预期寿命指标(LEI)

预期寿命指标(LEI)用人均预期寿命年限来衡量，本书将 35 个大中城市及 16 个长三角城市的人均预期寿命值，分别代入式(3.9)进行标准化处理，得到各城市的预期寿命指标(LEI)。式(3.9)中，常数 85 和 20 分别为联合国 2015 年人类发展报告中设定的预期寿命最大值和最小值。

各城市预期寿命年限无法从统计年鉴上获取，2014 年人均预期寿命年限大部分是通过

① 联合国 2015 年人类发展报告 *HDI* 计算说明 http://hdr.undp.org/sites/default/files/hdr2015_technical_notes.pdf.

网络关键词搜索该城市人均预期寿命得来。网络搜索的数据主要来自于城市统计局、疾控中心对外公布的信息，对于既没有统计局发布又没有疾控中心发布的，则通过对该城市《社会事业发展第十二个五年规划》或《国民经济和社会发展第十二个五年规划》中提出的2015年人均预期寿命目标进行调整获得。对个别城市的人均预期寿命从上述渠道都无法获得2014年数据的，则采用上年数据。

(2) 教育指标(EI)

教育指标(EI)是学校受教育指数(Mean Years of Schooling Index, MYSI)和预期学校受教育指数(Expected Years of Schooling Index, EYSI)的算术平均值，它主要受到两个参数的影响：学校受教育年数(MYS)和预期受教育年数(EYS)。学校受教育年数指25岁及以上人群的实际受教育的年数，预期受教育年数则指一个5岁儿童一生将要接受教育的年数。将MYS和EYS分别代入式(3.11)和式(3.12)进行标准化处理，然后代入式(3.10)则得到各城市的教育指标(EI)。式(3.11)和式(3.12)中，常数0,15和18分别为联合国2015年人类发展报告中设定的学校受教育年数最小值，最大值和预期受教育年数最大值。

学校受教育年数(MYS)和预期受教育年数(EYS)在各类统计资料中，并没有直接数据可查，根据可获取及合理性原则，本书采用了下述方法分别对MYS和EYS进行折算。

学校受教育年数(MYS)由各学历人群受教育年数的加权平均得来，计算方法为

$$\text{人均学校受教育年数}(MYS) = \sum P_i E_i / P \tag{3.14}$$

式中，P_i为具有i种文化程度的人口数；E_i为具有i种文化程度的人口受教育年数系数，本书在计算中采用大专以上文化程度教育年数系数为16，高中文化程度教育年数系数为12，初中文化程度教育年数系数为9，小学文化程度教育年数系数为6，文盲教育年数系数为0。i可根据我国的学制确定，P为该城市的总人数；P_i、E_i来自各城市第六次人口普查统计公报。因此，本年度人均受教育年数数据与上年一致，保持不变。

预期受教育年数由学历教育各年级的净入学率之和累加而得，计算方法为

$$\text{预期受教育年数} = \lambda_{\text{小学}} \times 6 + \lambda_{\text{初中}} \times 3 + \lambda_{\text{高中}} \times 3 + \lambda_{\text{大学}} \times 4 \tag{3.15}$$

式中，λ_i表示各年级的净入学率，i的范围为1～16年级(不考虑幼儿园和研究生以上的教育)。但是由于各年级的净入学率难以精确统计，限于现有条件改用毛入学率近似计算。

各学历教育阶段的毛入学率主要通过查找该城市的《教育事业发展统计公报》《国民经济与社会发展统计公报》《教育事业发展第十二个五年规划》《教育事业发展中长期规划》《中长期教育改革与发展规划》获得。

(3) 收入指标(II)

收入指标是用购买力平价(PPP)折算成国际元的人均国内生产总值(GDP_{pc})来衡量[①]，

① 联合国2015年人类发展报告中收入指数的计算采用购买力平价(PPP)折算后的人均国民收入(GNI_{pc})为参数，而中国的城市统计数据普遍采用国内生产总值GDP作为经济发展的主要指标。据余芳东等学者研究，“从我国历史上看，人均GDP和人均GNI两者差异不到2%”(余芳东等.我国人均GDP和人均GDI国际位次稳步提高.中国信息报，2011-5-18. http://www.zgxxb.com.cn/xwzx/201105180007.shtml)，故本书采用人均国内生产总值GDP_{pc}替代GNI_{pc}，对数据计算的可靠性、可比性影响不大。

人民币对国际元的折算系数为 3.505 5[①]。将折算后的 GDP_{pc} 代入公式(3.13)则得到各城市的收入指标(II),公式(3.13)采用对数方法对收入指标进行标准化,其中的常数 100 和 75 000分别为联合国 2015 年人类发展报告中设定的人均国内收入最小值和最大值。2014 年各城市人均国内生产总值(GDP)的数据来自《中国城市统计年鉴 2015》。

城市人类发展指数(UHDI)值介于 0～1 之间,越接近 0 表示人类发展水平越低,越接近 1 表示人类发展水平越高。根据联合国开发计划署在 2015 年人类发展报告中的界定,*HDI* 高于 0.800 属于极高人类发展水平,在 0.700～0.799 范围内属于高人类发展水平,在 0.550～0.699范围内属于中等人类发展水平,低于 0.550 则属于低人类发展水平。

3.2.2　城市生态投入指数及指标说明

城市生态投入指数(UEII)由城市资源消耗指数(URCI)和城市污染排放指数(UPDI)经算术平均得来,如公式(3.16)。

城市资源消耗指数(URCI)由三个分项指标构成,分别是城市水资源消耗指标(Urban Water Consumption Index, UWCI)、城市土地资源消耗指标(Urban Land Resources Input Index, ULRI)和城市能源消耗指标(Urban Enorgy Consumption Index, UECI)。水资源消耗指标通过城市供水总量来衡量;土地资源消耗指标用市辖区建成区面积来衡量;能源消耗指标用年度综合能耗来衡量。将三个总量指标分别除以城市常住人口总数,得到资源消耗的三个分项人均指标,再经无量纲处理后取算术平均值,得到城市资源消耗指数(URCI),见式(3.17)。

城市污染排放指数(UPDI)由三个分指标构成,分别是城市水污染排放指标(Urban Water Pollution Index, UWPI)、城市空气污染排放指标(Urban Air Pollution Index, UAPI)、城市固体废物排放指标(Urban Solid Waste Index, USWI)。根据数据可得性和政策重要性原则,水污染排放指标通过水污染物中的化学需氧量(UWP_{COD})、氨氮来衡量(UWP_{N-NH_4});空气污染排放指标通过大气污染物中的二氧化硫(UWP_{SO_2})、氮氧化物(UWP_{NOX})来衡量;固体废物排放指标通过固体废物中的工业固体废弃物(USW_{Ind})和生活垃圾清运量(USW_{Hh})来衡量。六类污染物总量指标分别除以城市常住人口总数,得到人均排放量指标,再经无量纲处理后取算术平均值,得到城市污染排放指数(UPDI),见式(3.18)。

$$UEII = \frac{1}{2}(URCI + UPDI) \tag{3.16}$$

式中

$$URCI = \frac{1}{3}(UWCI + ULRI + UECI) \tag{3.17}$$

$$\begin{aligned} URDI &= \frac{1}{3}(UWPI + UAPI + USWI) \\ &= \frac{1}{6}(UWP_{COD} + UWP_{N\text{-}NH_4} + UAP_{SO_2} + UAP_{NO_x} + USW_{Ind} + USW_{Hh}) \end{aligned} \tag{3.18}$$

① 为与联合国 2015 年人类发展报告中的 HDI 计算规则一致,本书采用了 2011 年人民币购买力平价折算系数为 3.505 5,该数据根据国际货币基金组织(IMF)世界经济概况(World Economic Outlook, WEO)发布的世界经济概况报告(World Economic Outlook report)估算而得,https://www.imf.org/external/pubs/ft/weo/2016/01/weodata/index.aspx

由于各分项指标经过了无量纲处理，城市生态投入指数（UEII）的值在 0 与 1 之间，越接近 0 表示城市生态投入水平越低，在城市发展中所占用的水、地、能、材等资源以及所排放的废水废气和固体废弃物越少；越接近 1，则表明城市生态投入水平越高，在城市发展中所占用的水、地、能、材等资源以及所排放的废水、废气和固体废弃物越多。

各分项指标的数据来源与计算方法说明如表 3－1 所示。

表 3－1　城市生态投入分项指标计算方法及数据来源

指标名称	单位	计算公式	数据来源
城市水资源消耗指标（UWCI）	人均供水量（t/人）	城市总供水量除以常住人口*	《中国城市统计年鉴 2015》
城市土地资源消耗指标（ULRI）	人均建成区面积（m/人）	市辖区建成区面积除以常住人口	《中国城市统计年鉴 2015》
城市能源消耗指标（UECI）	人均消费标准煤（t 标准煤/人）	城市年度综合能耗除以常住人口*	各城市《2015 年统计年鉴》**
城市水污染排放指标（UWPI）	人均化学需氧量排放量（kg/人）	化学需氧量排放总量除以常住人口	《中国环境统计年鉴 2015》***
	人均氨氮排放量（kg/人）	氨氮排放总量除以常住人口	
城市空气污染排放指标（UAPI）	人均二氧化硫排放量（kg/人）	二氧化硫排放总量除以常住人口	《中国环境统计年鉴 2015》
	人均氮氧化物排放量（kg/人）	氮氧化物排放总量除以常住人口	
城市固体废物排放指标（USWI）	人均工业固体废弃物产生量（t/人）	氮氧化物排放总量除以常住人口	《中国环境统计年鉴 2015》
	人均生活垃圾清运量（t/人）	生活垃圾清运总量除以常住人口	各城市《2015 年统计年鉴》****

* 城市常住人口数据来自各城市的《2015 年统计年鉴》。

** 本书研究的 35 个大中城市及长三角 16 个城市中，部分城市的综合能耗直接来源于该市 2015 年统计年鉴。若年鉴中没有该项数据，则按照当年的单位 GDP 能耗乘以该城市当年的国内生产总值（GDP）进行计算得出，单位 GDP 能耗数据部分来自各城市的 2015 统计年鉴，部分来自《2015 中国绿色发展指数报告》。国内生产总值（GDP）来自各城市《2014 年国民经济和社会发展统计公报》；由于有数据缺失的情况，一些城市的城市能源消耗指标直接沿用 2013 年数据。

*** 本书研究的 35 个大中城市水污染物、大气污染物和工业固体废弃物排放/产生总量数据大部分都来自《中国环境统计年鉴 2015》，个别城市利用《2015 中国绿色发展指数报告》中单位地区生产总值污染排放量乘以该城市 2014 年地区生产总值得出。长三角 16 个城市中，江苏省城市的上述几项数据来自于《江苏统计年鉴 2015》，其余城市数据来自该城市 2014 年环境统计公报，个别城市数据缺失，沿用上年数据。

**** 城市垃圾清运量在各个城市的 2015 年统计年鉴"城市公用事业"条目下的"城市市容环境卫生"条目一般都可以查找到。统计年鉴中没有数据的，查找城市环境发展公报或尝试在省统计年鉴中查找，部分省统计年鉴会将各个代表城市的情况分列出来。《2014 年城市国民经济与社会发展统计公报》一般只能查找到生活垃圾无害化处理率。上述方法都无法获得数据的城市用该城市所属省份的生活垃圾无害化处理率代替，或沿用上年数据。

3.2.3 城市可持续发展评估指标体系及基础数据

综上，构成本书的指标体系构架如图 3－2 所示。在此框架下，目标层为城市可持续发展评估，含可持续发展分类、可持续发展效率、发展模式与路径 3 个子项，要素层包括城市生态投入指数（UEII）和城市人类发展指数（UHDI）2 项，指标层包括 9 项生态投入指标及 3 项人类发展指标。通过上述数据采集和整理，得到中国 35 个大中城市可持续发展评估的基础数据，如表 3－2 所示。

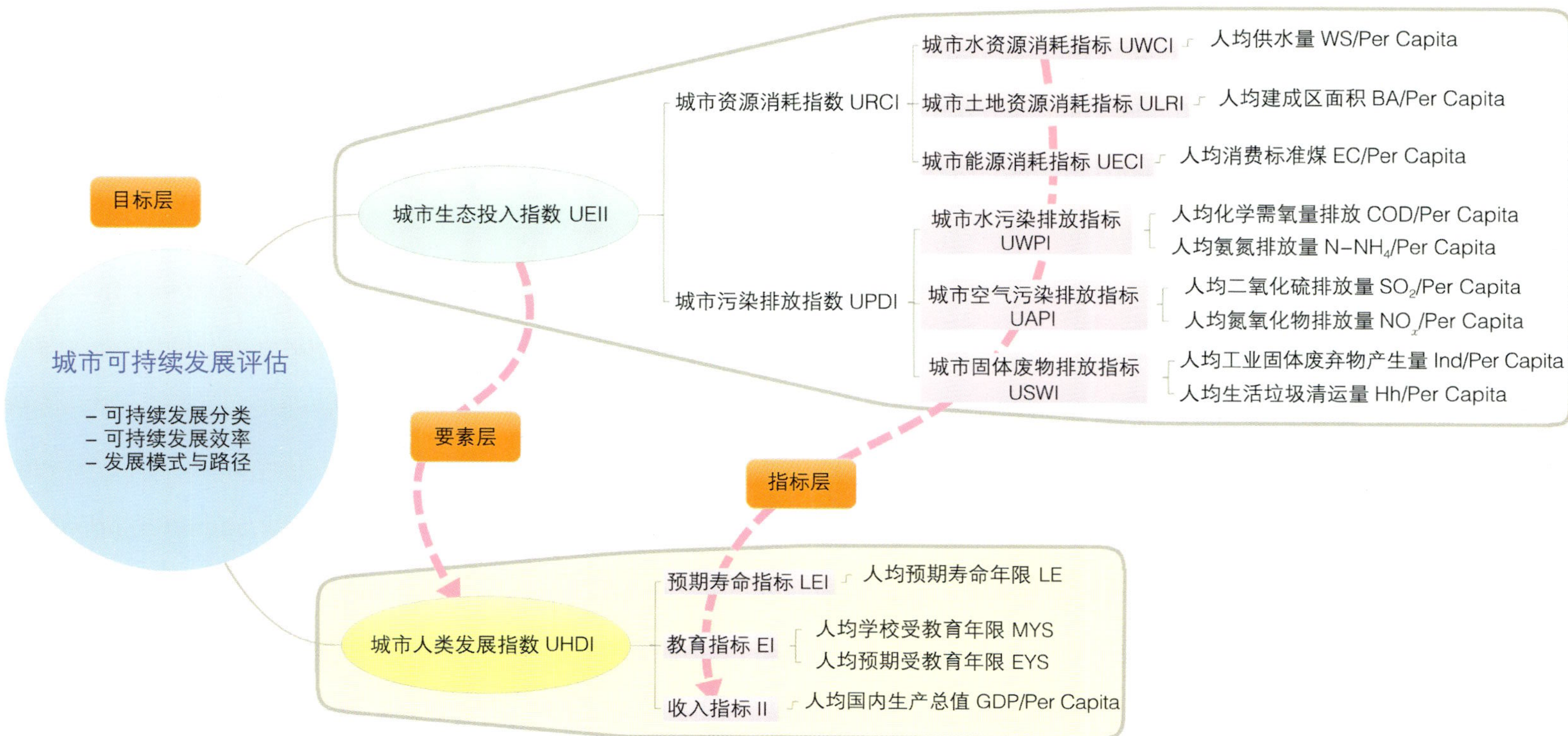

图 3－2 城市可持续发展评估指标体系

表 3-2　中国 35 个大中城市可持续发展指标一览

	指标	人类发展指数				城市生态投入指数								
						资源消耗指数			污染排放指数					
城市		人均 GDP（国际元/人）	人均预期寿命（年）	人均教育年限（年）	预期教育年限（年）	人均建成区面积（m^2/人）	人均消费标准煤（tce/人）	人均供水量（t/人）	人均化学需氧量排放量（kg/人）	人均氨氮排放量（kg/人）	人均二氧化硫排放量（kg/人）	人均氮氧化物排放量（kg/人）	人均工业固体废弃物产生量（t/人）	人均生活垃圾清运量（t/人）
1	北京	28 525	81.81	11.50	14.37	64.42	3.17	84.78	4.10	0.65	3.66	3.65	0.47	0.34
2	上海	27 776	82.29	10.58	14.26	64.44	4.57	130.79	7.76	1.70	7.76	10.20	0.79	0.31
3	广州	36 650	81.34	10.55	15.40	79.13	4.20	153.24	9.75	1.45	4.85	4.00	0.38	0.33
4	深圳	42 646	79.70	10.70	13.60	82.57	6.08	152.27	10.02	1.63	1.01	2.27	0.10	0.50
5	杭州	29 614	81.56	9.88	14.22	55.67	4.97	74.42	7.56	1.02	9.11	6.97	0.81	0.37
6	南京	30 679	82.17	10.82	14.56	89.34	5.99	148.98	9.75	1.71	12.86	12.66	2.13	0.32
7	天津	30 019	81.08	10.20	14.25	48.65	5.37	53.57	7.17	1.26	13.79	14.93	1.14	0.14
8	成都	19 974	78.20	9.75	13.15	41.86	4.92	64.55	7.77	0.93	3.85	3.28	0.31	0.30
9	武汉	27 956	80.27	10.90	13.90	53.49	7.19	126.46	9.43	1.27	8.73	8.28	1.36	0.25
10	青岛	27 535	80.98	9.66	13.52	54.28	2.23	51.57	15.89	1.35	10.07	11.24	0.96	0.11
11	宁波	28 059	81.24	8.91	14.36	39.56	5.36	64.15	7.85	1.69	16.55	25.52	1.53	0.41
12	厦门	24 770	80.04	10.07	15.77	79.00	4.10	109.86	8.88	1.85	6.19	3.91	0.27	0.37
13	重庆	13 650	77.78	7.89	13.25	41.15	2.57	37.73	8.89	1.30	17.61	7.96	1.03	0.21
14	大连	31 362	81.41	9.92	14.02	56.87	3.00	56.31	24.97	2.08	15.91	20.08	0.81	0.17

续 表

城市 \ 指标		人类发展指数				城市生态投入指数								
						资源消耗指数			污染排放指数					
		人均GDP（国际元/人）	人均预期寿命（年）	人均教育年限（年）	预期教育年限（年）	人均建成区面积（m^2/人）	人均消费标准煤（tce/人）	人均供水量（t/人）	人均化学需氧量排放量（kg/人）	人均氨氮排放量（kg/人）	人均二氧化硫排放量（kg/人）	人均氮氧化物排放量（kg/人）	人均工业固体废弃物产生量（t/人）	人均生活垃圾清运量（t/人）
15	沈阳	24 493	80.01	11.50	15.47	56.21	1.87	69.11	2.73	1.57	16.75	10.04	0.98	0.32
16	长沙	30 718	76.24	10.21	14.00	45.96	5.86	76.03	8.79	1.15	3.10	1.99	0.15	0.28
17	西安	18 198	75.73	9.52	12.97	51.00	3.09	58.78	9.47	1.39	10.71	5.04	0.29	0.36
18	郑州	20 822	78.40	10.32	12.80	44.08	3.71	36.43	3.62	0.90	11.16	12.56	1.49	0.20
19	济南	23 407	78.45	10.02	13.87	54.46	6.66	48.89	4.83	0.75	13.81	9.74	1.45	0.13
20	太原	16 837	78.50	10.76	13.51	76.76	7.07	79.25	2.89	0.77	27.75	23.20	5.70	0.40
21	长春	20 223	79.00	9.85	13.43	62.29	1.91	35.24	5.78	1.13	8.42	12.94	0.77	0.16
22	昆明	16 042	77.50	9.29	14.24	61.42	3.80	61.15	3.19	0.78	10.01	6.83	3.25	0.21
23	合肥	19 309	76.60	9.84	13.95	52.36	1.94	52.55	6.93	0.86	5.87	8.10	1.30	0.13
24	哈尔滨	15 368	78.71	9.73	12.81	40.42	5.38	37.94	9.16	1.40	12.10	10.98	0.69	0.14
25	福州	19 967	75.92	9.49	13.94	34.19	4.17	43.71	9.52	1.30	7.76	9.63	1.05	0.14
26	海口	14 247	79.78	10.26	13.22	69.07	2.73	96.30	3.51	1.70	0.81	0.09	0.02	0.33
27	南昌	20 075	77.60	9.95	12.79	50.00	3.15	84.41	9.28	1.28	12.71	3.16	0.37	0.11
28	石家庄	13 969	76.34	9.66	12.52	24.87	4.92	17.99	3.64	0.61	16.16	15.60	1.41	0.14

续 表

	指标 城市	人类发展指数				城市生态投入指数								
						资源消耗指数			污染排放指数					
		人均GDP（国际元/人）	人均预期寿命（年）	人均教育年限（年）	预期教育年限（年）	人均建成区面积（m^2/人）	人均消费标准煤（tce/人）	人均供水量（t/人）	人均化学需氧量排放量（kg/人）	人均氨氮排放量（kg/人）	人均二氧化硫排放量（kg/人）	人均氮氧化物排放量（kg/人）	人均工业固体废弃物产生量（t/人）	人均生活垃圾清运量（t/人）
29	呼和浩特	27 374	74.44	10.04	13.10	75.89	9.42	49.09	11.31	1.17	33.39	34.38	3.73	0.24
30	乌鲁木齐	20 091	72.00	10.68	12.73	116.71	7.32	84.58	4.65	1.41	22.17	26.55	2.73	0.39
31	南宁	12 353	76.21	9.40	13.52	70.60	2.51	99.46	20.08	2.19	10.11	9.50	0.89	0.22
32	兰州	15 624	73.50	10.31	13.50	60.30	5.84	66.93	10.72	2.15	20.19	18.79	1.74	0.26
33	贵阳	15 695	74.75	9.35	13.46	70.24	7.74	61.80	8.18	1.14	23.51	6.58	2.41	0.26
34	银川	18 811	77.60	9.84	12.90	70.76	10.97	46.14	8.48	2.52	34.76	33.40	3.10	0.21
35	西宁	13 340	74.48	9.16	12.80	39.29	10.00	66.79	14.33	1.77	32.75	21.54	2.37	0.41

中　篇

中国 35 个大中城市可持续发展评估

4 中国 35 个大中城市生态投入指数排名与解读

城市生态投入与人类福利发展相匹配是城市可持续发展之路的基本原则，在判断城市可持续发展状态的过程中，对城市生态投入进行单独分析具有较大价值。城市生态投入分为资源消耗和污染排放两个维度，评估城市的资源消耗是对应当前“节能”政策的要求，而分析城市污染排放则直接回答城市“减排”的问题所在。

为了更加全面地判断、发现和掌握当前我国城市发展中生态投入的总体发展特征，本章对 35 个大中城市生态投入指数进行了排名、城市分级分析，然后就资源消耗和污染排放两类分项指标状况深入解读了 35 个城市的生态投入状况，最后就生态投入现状将城市进行分类分析并总结。

4.1 中国 35 个大中城市生态投入指数排名

4.1.1 城市生态投入指数排名

基于第 3 章中城市生态投入指标体系和测算方法，对中国 35 个大中城市的资源消耗、污染排放水平和综合的生态投入水平进行定量分析，得到各个城市生态投入指数、资源消耗指数和污染排放指数的测算结果与排名，详见表 4－1。其中，生态投入指数的值在 0 与 1 之间，其值越低，说明城市发展过程中的资源消耗和污染排放越少，城市的生态投入指数排名越靠前。

表 4－1　　中国 35 个大中城市生态投入指数及分项指数排名

城市	生态投入指数		资源消耗指数		污染排放指数	
	得分	排名	得分	排名	得分	排名
石家庄	0.252	1	0.199	1	0.306	9
合肥	0.284	2	0.316	6	0.252	3

续 表

城市	生态投入指数		资源消耗指数		污染排放指数	
	得分	排名	得分	排名	得分	排名
长春	0.299	3	0.305	5	0.292	8
福州	0.304	4	0.298	3	0.309	11
郑州	0.306	5	0.304	4	0.308	10
重庆	0.318	6	0.268	2	0.367	22
成都	0.325	7	0.391	13	0.258	5
海口	0.330	8	0.411	17	0.250	2
哈尔滨	0.336	9	0.341	8	0.332	14
南昌	0.340	10	0.410	16	0.270	6
北京	0.343	11	0.453	20	0.233	1
青岛	0.345	12	0.327	7	0.363	21
长沙	0.355	13	0.453	19	0.258	4
西安	0.357	14	0.356	9	0.358	18
济南	0.360	15	0.439	18	0.282	7
昆明	0.365	16	0.410	15	0.319	12
沈阳	0.374	17	0.361	10	0.387	24
天津	0.375	18	0.398	14	0.351	16
杭州	0.398	19	0.453	21	0.342	15
宁波	0.456	20	0.365	11	0.548	29
大连	0.462	21	0.365	12	0.560	30
厦门	0.468	22	0.574	25	0.362	20
南宁	0.479	23	0.485	23	0.472	27
上海	0.483	24	0.590	29	0.376	23
武汉	0.485	25	0.619	30	0.351	17
贵阳	0.487	26	0.541	24	0.432	25
广州	0.498	27	0.671	32	0.324	13
兰州	0.507	28	0.473	22	0.541	28
深圳	0.545	29	0.729	34	0.361	19

续 表

城市	生态投入指数		资源消耗指数		污染排放指数	
	得分	排名	得分	排名	得分	排名
太原	0.597	30	0.580	27	0.615	32
南京	0.604	31	0.739	35	0.469	26
呼和浩特	0.622	32	0.574	26	0.669	33
西宁	0.632	33	0.585	28	0.680	34
乌鲁木齐	0.640	34	0.712	33	0.567	31
银川	0.674	35	0.636	31	0.712	35

从表4-1可知,35个大中城市生态投入指数得分区间为0.252～0.674,均值为0.429。其中,资源消耗指数得分区间为0.199～0.739,均值为0.468;污染排放指数得分区间为0.233～0.712,均值为0.401。

从整体的排名情况来看,生态投入排名靠前的城市石家庄、海口、哈尔滨等人均GDP都相对较低,在35个城市中位列后十位范围,详见表3-2,因此,该类城市表现为低经济发展水平、低生态投入的特点。另外,除城市本身的资源禀赋和经济发展条件外,积极推进城市可持续发展建设,也是部分城市生态投入指数排名靠前的重要原因。例如合肥市,近年来在多项领域颁布专项行动,大力推行节能减排政策,以工业方面领域为例,开展能耗消费在线监测试点,加快"电机能效提升"等专项行动。

生态投入排名靠后的城市主要有两类:一类是上海、南京、广州、深圳等长三角、珠三角经济圈的领头城市,突出表现为资源消耗水平较高。以南京为例,近年来,南京市发展较快,土地资源消耗、水资源消耗不断增加。2014年南京市承办青年奥运会,为配合实现"办好绿色青奥会"的目标,城市对资源投入较大,资源消耗指数较高。另一类是银川、呼和浩特、乌鲁木齐、西宁等西部经济较发达城市,突出表现为污染排放水平较高。以银川为例,银川当地生产煤炭,2014年银川市工业对经济增长贡献率高达66.6%,其中贡献较大的重工业造成的污染不容小觑。

4.1.2 城市生态投入水平分级

根据中国35个大中城市生态投入指数的得分区间0.252～0.674,可以以"组内差距较小、组间差距较大"的原则进行分组,大致可以将35个大中城市的生态投入水平分为4个级别,分别代表四类不同程度的投入水平。

如表4-2所示,第Ⅰ级别城市的分值低于0.345,生态投入均值为0.315,包括石家庄、合肥、长春、福州、郑州、重庆、成都、海口、哈尔滨、南昌、北京、青岛在内的12个城市,这些城市的生态投入水平相对较低;第Ⅱ级别城市的分值在0.355～0.398之间,生态投入均值为0.369,包括长沙、西安、济南、昆明、沈阳、天津、杭州在内的7个城市,这一类城市生态投入水平较低,处于中下水平;第Ⅲ级别城市的分值在0.456～0.507之间,生态投入均值为0.480,包括宁波、大连、厦门、南宁、上海、武汉、贵阳、广州、兰州在内的9个城市，这一类城市生态投入水平一般，基本处于中等水平；第Ⅳ级别城市的分值在0.545以上，生态投入均值为0.616，包括深圳、太原、南京、呼和浩特、西宁、乌鲁木齐、银川在内的7个城市，该类城市生态投入相对最高。

表4-2　　中国35个大中城市生态投水平分级情况

水平分级	城市	得分	排名	均值	个数	特征
第Ⅰ级别	石家庄	0.252	1	0.315	12	低生态投入
	合肥	0.284	2			
	长春	0.299	3			
	福州	0.304	4			
	郑州	0.306	5			
	重庆	0.318	6			
	成都	0.325	7			
	海口	0.330	8			
	哈尔滨	0.336	9			
	南昌	0.340	10			
	北京	0.343	11			
	青岛	0.345	12			
第Ⅱ级别	长沙	0.355	13	0.369	7	中低生态投入
	西安	0.357	14			
	济南	0.360	15			
	昆明	0.365	16			
	沈阳	0.374	17			
	天津	0.375	18			
	杭州	0.398	19			
第Ⅲ级别	宁波	0.456	20	0.480	9	中等生态投入
	大连	0.462	21			
	厦门	0.468	22			
	南宁	0.479	23			
	上海	0.483	24			

续 表

水平分级	城市	得分	排名	均值	个数	特征
	武汉	0.485	25			
	贵阳	0.487	26			
	广州	0.498	27			
	兰州	0.507	28			
第Ⅳ级别	深圳	0.545	29	0.616	7	高生态投入
	太原	0.597	30			
	南京	0.604	31			
	呼和浩特	0.622	32			
	西宁	0.632	33			
	乌鲁木齐	0.640	34			
	银川	0.674	35			

图 4－1 显示，我国 35 个大中城市生态投入水平分布并未呈现严谨的阶梯分布，在生态投入水平较低的第Ⅰ级、Ⅱ级别具有一定的连续型分布特征，第Ⅲ级别的城市与第Ⅱ级别城市间存在较大差距，第Ⅳ级别城市的生态投入水平显著高于其他级别，且组内差别较大。

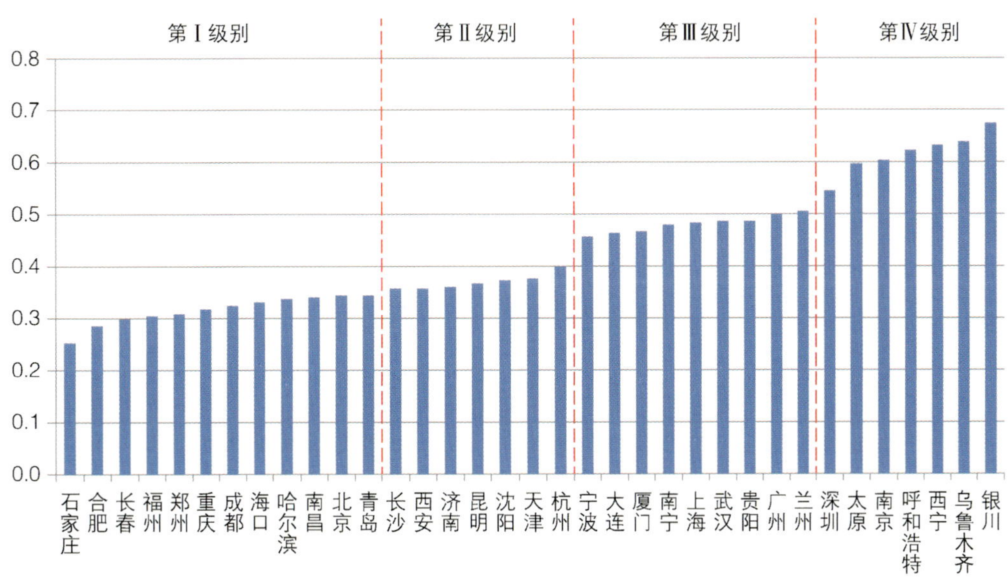

图 4－1　中国 35 个大中城市生态投入分级情况

4.2 中国35个大中城市生态投入分项指标分析

4.2.1 资源消耗分项指标排名与分级

（1）资源消耗指数排名

对中国35个大中城的资源消耗水平进行定量分析，得到各个城市水资源消耗、土地资源消耗、能源消耗三个分项指标的测算结果与排名，详见表4－3。

表4－3　　中国35个大中城市资源消耗指数及分项指标排名

城市	资源消耗指数		水资源消耗指标		土地资源消耗指标		能源消耗指标	
	得分	排名	得分	排名	得分	排名	得分	排名
石家庄	0.199	1	0.117	1	0.213	1	0.267	12
重庆	0.268	2	0.246	4	0.353	6	0.205	7
福州	0.298	3	0.285	6	0.293	2	0.316	15
郑州	0.304	4	0.238	3	0.378	8	0.296	13
长春	0.305	5	0.230	2	0.534	22	0.153	3
合肥	0.316	6	0.343	11	0.449	13	0.155	4
青岛	0.327	7	0.337	10	0.465	15	0.178	5
哈尔滨	0.341	8	0.248	5	0.346	5	0.429	23
西安	0.356	9	0.384	14	0.437	12	0.247	9
沈阳	0.361	10	0.451	21	0.482	18	0.149	2
宁波	0.365	11	0.419	17	0.339	4	0.336	18
大连	0.365	12	0.367	13	0.487	19	0.240	8
成都	0.391	13	0.421	18	0.359	7	0.393	20
天津	0.398	14	0.350	12	0.417	10	0.429	22
昆明	0.410	15	0.399	15	0.526	21	0.304	14
南昌	0.410	16	0.551	25	0.428	11	0.251	10
海口	0.411	17	0.628	28	0.592	25	0.011	1
济南	0.439	18	0.319	8	0.467	16	0.531	28
长沙	0.453	19	0.496	23	0.394	9	0.468	25

续 表

城市	资源消耗指数		水资源消耗指标		土地资源消耗指标		能源消耗指标	
	得分	排名	得分	排名	得分	排名	得分	排名
北京	0.453	20	0.553	27	0.552	23	0.253	11
杭州	0.453	21	0.486	22	0.477	17	0.397	21
兰州	0.473	22	0.437	20	0.517	20	0.466	24
南宁	0.485	23	0.649	29	0.605	27	0.200	6
贵阳	0.541	24	0.403	16	0.602	26	0.618	32
厦门	0.574	25	0.717	30	0.677	31	0.327	16
呼和浩特	0.574	26	0.320	9	0.650	29	0.752	33
太原	0.580	27	0.517	24	0.658	30	0.564	29
西宁	0.585	28	0.436	19	0.337	3	0.982	34
上海	0.590	29	0.854	32	0.552	24	0.365	19
武汉	0.619	30	0.825	31	0.458	14	0.574	30
银川	0.636	31	0.301	7	0.606	28	1.000	35
广州	0.671	32	1.000	35	0.678	32	0.335	17
乌鲁木齐	0.712	33	0.552	26	1.000	35	0.584	31
深圳	0.729	34	0.994	34	0.707	33	0.485	27
南京	0.739	35	0.972	33	0.765	34	0.478	26

排名方面，城市资源消耗指数最低的10大城市分别是石家庄、重庆、福州、郑州、长春、合肥、青岛、哈尔滨、西安、沈阳；排名11～25名的城市分别为宁波、大连、成都、天津、昆明、南昌、海口、济南、长沙、北京、杭州、兰州、南宁、贵阳、厦门；资源消耗指数最高的10个城市分别是呼和浩特、太原、西宁、上海、武汉、银川、广州、乌鲁木齐、深圳、南京。

得分方面，35个大中城市资源消耗指数得分区间为0.199～0.739，均值为0.461。其中，水资源消耗指标得分区间为0.117～1.000，均值为0.481；土地资源消耗指标得分区间为0.213～1.000，均值为0.509；能源消耗指标得分区间为0.011～1.000，均值为0.393。

(2) 资源消耗指标分级

按资源消耗各分项指标排名的高低，分别绘制中国35个大中城市水资源消耗指标、土地资源消耗指标、能源消耗指标的排名分级图(图4-2、图4-3、图4-4)。从各城市资源消耗三个分项指标值得排名分级可见，中国35个大中城市资源消耗情况如下。

① 水资源消耗指标分级

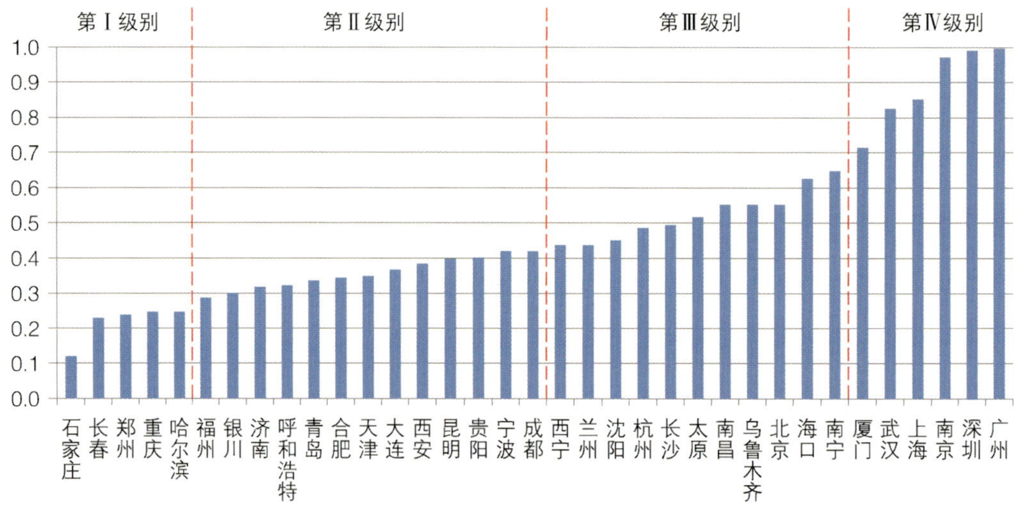

图 4-2　中国 35 个大中城市水资源消耗分级

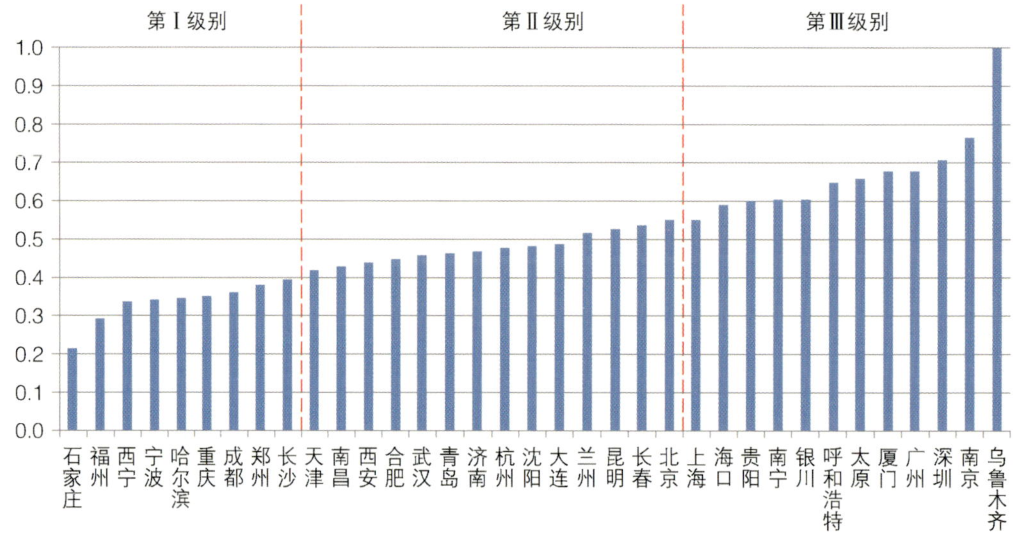

图 4-3　中国 35 个大中城市土地资源消耗分级

人均水资源消耗指标最低的 10 个城市分别是石家庄、长春、郑州、重庆、哈尔滨、福州、银川、济南、呼和浩特、青岛(图 4-2)。这 10 个城市水资源消耗指标平均值为 0.264,平均人均供水量为 40.47 t。

水资源消耗指标最高的 5 个城市分别是武汉、上海、南京、深圳、广州(图 4-2)。这 5 个城市水资源消耗指标平均值为 0.929,平均人均供水量为 142.35 t。这五座城市均处于长江以及南方主要支流流域,水资源相对充足,并且,从发展上看,5 个城市均属于长三角、珠三角及长江中游经济区的领军城市,城市发展较快,需要大量的水资源。

从水资源消耗指标的差异程度来看,我国 35 个大中城市呈显著的阶梯分布。第Ⅰ级别包括石家庄、长春、郑州、重庆、哈尔滨这 5 个城市,水资源消耗指标均在 0.25 以下;第Ⅱ级

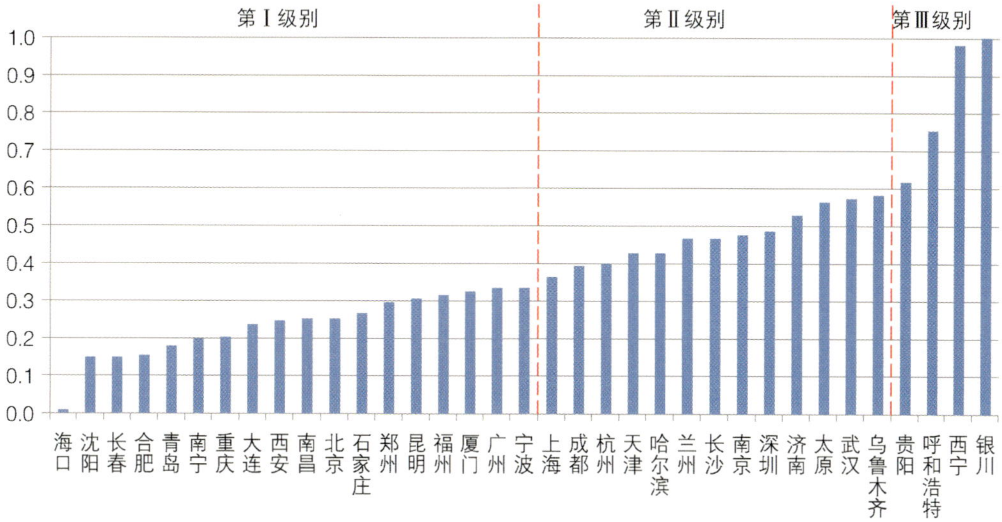

图4-4 中国35个大中城市能源消耗分级

别为水资源消耗较低的城市，指标值在0.280～0.430之间，包括福州、银川、济南、呼和浩特、青岛、合肥、天津、大连、西安、昆明、贵阳、宁波、成都在内的13个城市；第Ⅲ级别水资源消耗水平处于中等的城市，包括西宁、兰州、沈阳、杭州、长沙、太原、南昌、乌鲁木齐、北京、海口、南宁在内的11个城市，该类城市水资源消耗指标值在0.430～0.700之间；最后是水资源消耗最高的第Ⅳ级别城市，包括厦门、武汉、上海、南京、深圳、广州，指标值均高达0.700以上。

② 土地资源消耗指标分级

在图4-3的分级情况中可以看到，土地资源消耗在第Ⅰ级、Ⅱ级别之间是呈稳步上升的，在第Ⅲ级别内的城市差距则逐渐拉大，特别是乌鲁木齐，其土地资源消耗指标值远远高于同组其他城市。

第Ⅰ级别的城市土地资源消耗指标最低，均低于0.40，包括石家庄、福州、西宁、宁波、哈尔滨、重庆、成都、郑州和长沙(图4-3)。这九大城市土地资源消耗指标平均值为0.335，平均人均建成面积为39.04 m²。其中，石家庄和福州的人均建成面积分别仅为24.87 m²和34.19 m²，远低于35个城市的人均建成区面积值59.35 m²。

第Ⅲ级别中的城市土地资源消耗指标最高，均高于0.55，包括上海、海口、贵阳、南宁、银川、呼和浩特、太原、厦门、广州、深圳、南京、乌鲁木齐在内的12个城市。这类城市的土地资源消耗指标平均值为0.674，平均人均建成区面积为78.71 m²。其中，乌鲁木齐、南京和深圳的人均建成区面积分别为116.71 m²、89.34 m²及82.57 m²，远高于35个城市的平均值59.35 m²，土地集约利用程度较低。

③ 能源消耗指标分级

在图4-4的分级情况中可以看出，能源消耗指标在第Ⅰ级、Ⅱ级别之间呈阶梯上升趋势(海口市除外)，组内差距较小，在第Ⅲ级别内则城市间差距显著增大。

第Ⅰ级别城市能源消耗相对较低，其指标值均低于0.34。其中，能源消耗指标最低的8个城市分别是海口、沈阳、长春、合肥、青岛、南宁、重庆、大连(图4-4)。排名前八位的城市人均标准煤消耗都没有超过3 t，远低于35个城市的平均值4.92 t。尤其是海口市，其人均消费标准煤为 0.14 t，仅为中国 35 个大中城市平均水平的 3%。

能源消耗最高的 4 个城市分别是银川、西宁、呼和浩特和贵阳(图 4-4)。这些城市的人均消耗标准煤都达到了 7.5 t 以上，远高于其他城市。尤其是银川和西宁，人均消费标准煤分别是 12.53 t 和 12.31 t，消耗量最大的银川甚至达到了消耗量最小的海口市的近 90 倍。

能源消耗水平与城市主导产业及其能耗水平存在一定关联。例如，银川当地盛产煤炭，是城市主要的供热和工业能源，由于煤炭质量不达标导致热效率不高，致使银川成为能源消耗最大的城市。重化工业是西宁国民经济发展的支柱产业，特别是近年来贵鲁化工、万象铝镁、大美煤业及部分热电联产等大型项目的建设与投产，使得工业能耗大幅度增加，直接导致了能耗的增加①。从能源消耗指数最低的海口市来看，一方面，由于海口市的初始经济总量不高；另一方面也是因为海口在城市发展中大力发展“低碳”旅游业，使得城市新增经济总量的能源消耗量较小。

4.2.2 污染排放分项指标排名与分级

(1) 污染排放指数排名

对中国 35 个大中城市的污染排放水平进行定量分析，得到各个城市水污染排放、空气污染排放、固体废物排放三个分项指标的测算结果与排名，详见表 4-4。

表 4-4　　中国 35 个大中城市污染排放指数及分项指标排名

城市	污染排放指数		水污染排放指标		空气污染排放指标		固体废物排放指标	
	得分	排名	得分	排名	得分	排名	得分	排名
北京	0.233	1	0.211	2	0.106	5	0.381	21
海口	0.250	2	0.408	16	0.013	1	0.328	14
合肥	0.252	3	0.311	7	0.202	8	0.243	7
长沙	0.258	4	0.405	15	0.074	3	0.294	11
成都	0.258	5	0.340	8	0.103	4	0.331	16
南昌	0.270	6	0.439	18	0.229	10	0.142	1
济南	0.282	7	0.245	5	0.340	20	0.260	9
长春	0.292	8	0.341	9	0.309	18	0.227	4
石家庄	0.306	9	0.193	1	0.459	27	0.265	10
郑州	0.308	10	0.252	6	0.343	21	0.329	15

① 关于 2014 年度西宁市节能目标完成情况的报告(宁政〔2015〕52 号)，西宁市人民政府.

续 表

城市	污染排放指数		水污染排放指标		空气污染排放指标		固体废物排放指标	
	得分	排名	得分	排名	得分	排名	得分	排名
福州	0.309	11	0.449	20	0.252	14	0.227	5
昆明	0.319	12	0.219	4	0.243	12	0.496	28
广州	0.324	13	0.483	24	0.128	6	0.361	17
哈尔滨	0.332	14	0.461	22	0.334	19	0.200	3
杭州	0.342	15	0.354	10	0.232	11	0.441	25
天津	0.351	16	0.395	14	0.416	25	0.242	6
武汉	0.351	17	0.440	19	0.246	13	0.367	18
西安	0.358	18	0.465	23	0.227	9	0.381	20
深圳	0.361	19	0.525	27	0.048	2	0.509	30
厦门	0.362	20	0.546	29	0.146	7	0.395	22
青岛	0.363	21	0.586	30	0.308	17	0.195	2
重庆	0.367	22	0.436	17	0.369	22	0.296	13
上海	0.376	23	0.493	26	0.260	15	0.375	19
沈阳	0.387	24	0.367	11	0.387	24	0.405	23
贵阳	0.432	25	0.390	13	0.434	26	0.472	26
南京	0.469	26	0.536	28	0.369	23	0.503	29
南宁	0.472	27	0.838	34	0.284	16	0.296	12
兰州	0.541	28	0.642	32	0.564	29	0.416	24
宁波	0.548	29	0.493	25	0.609	30	0.541	31
大连	0.560	30	0.914	35	0.521	28	0.244	8
乌鲁木齐	0.567	31	0.373	12	0.705	31	0.624	34
太原	0.615	32	0.212	3	0.736	32	0.896	35
呼和浩特	0.669	33	0.460	21	0.980	34	0.567	32
西宁	0.680	34	0.638	31	0.784	33	0.617	33
银川	0.712	35	0.670	33	0.986	35	0.480	27

得分方面，35个大中城市污染排放指数得分区间为0.233～0.712，均值为0.396。其中，水污染排放指标得分区间为0.193～0.914，均值为0.444；空气污染排放指标得分区间

为0.013～0.986,均值为 0.364;固体废物排放指标得分区间为 0.142～0.896,均值为0.381。

排名方面,城市污染排放指数最低的 10 个城市分别是北京、海口、合肥、长沙、成都、南昌、济南、长春、石家庄、郑州;排名 11～25 名的城市分别为福州、昆明、广州、哈尔滨、杭州、天津、武汉、西安、深圳、厦门、青岛、重庆、上海、沈阳、贵阳;污染排放指数最高的 10 个城市分别是南京、南宁、兰州、宁波、大连、乌鲁木齐、太原、呼和浩特、西宁、银川。

(2) 污染排放指标分级

按污染排放各分项指标排名的高低,分别绘制中国 35 个大中城市水污染排放指标、空气污染排放指标、固体废弃物排放指标的分级图(图 4-5、图 4-6、图 4-7)。从各城市污染排放三个分项指标排名分级图可见,中国 35 个大中城市的污染排放情况如下。

① 水污染排放指标

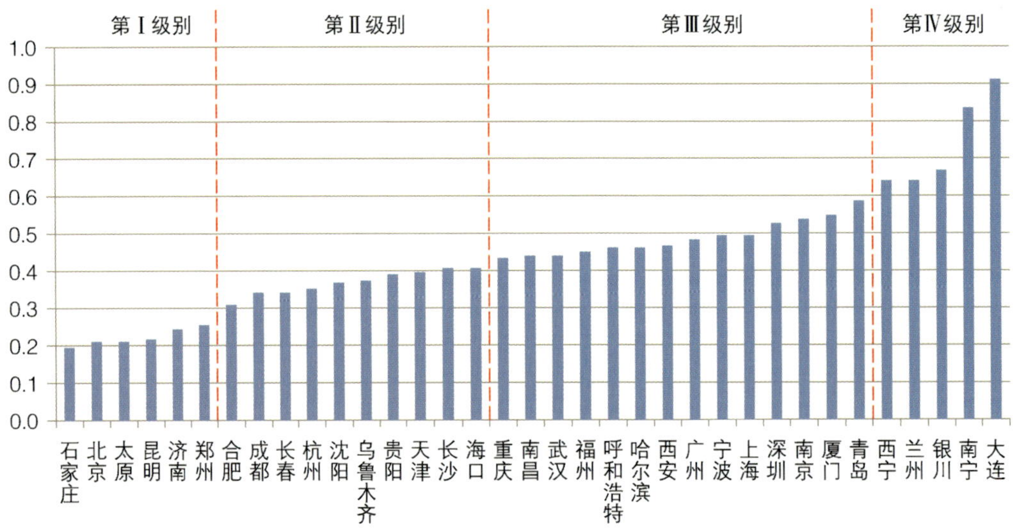

图 4-5　中国 35 个大中城市水污染排放

按“组间差异大、组内差异小”的原则将 35 个城市的水污染排放指标分为四个级别。第Ⅰ级别的 6 个城市指标均低于 0.30;第Ⅱ级别的 10 个城市指标在 0.311～0.408 之间;第Ⅲ级别的 14 个城市指标在 0.436～0.586 之间;第Ⅳ级别的 5 个城市指标在 0.638～0.914 之间。第Ⅱ级、Ⅲ级别城市间呈缓步上升趋势,第Ⅰ级别和第Ⅳ级别的组内差异相对较大。

水污染排放指标最低的 5 个城市分别是石家庄、北京、太原、昆明和济南(图 4-5),最高的 5 个城市分别是西宁、兰州、银川、南宁和大连市。

② 空气污染排放指标

35 个大中城市的空气污染排放指标在城市间差异较大。处于第Ⅰ级别的 7 个城市的空气污染排放指标均在 0.2 以下,组内平均值为 0.088,相邻城市指标差异的平均值为 0.022,组内差距较小;第Ⅱ级别的 17 个城市的空气污染排放指标在 0.200～0.400 之间,组内平均值为 0.290,相邻城市指标差异的平均值为 0.012,组内差距较小;第Ⅲ级别的 8 个城市的空气污染排放指标在 0.400～0.750 之间,组内平均值为 0.555,相邻城市指标

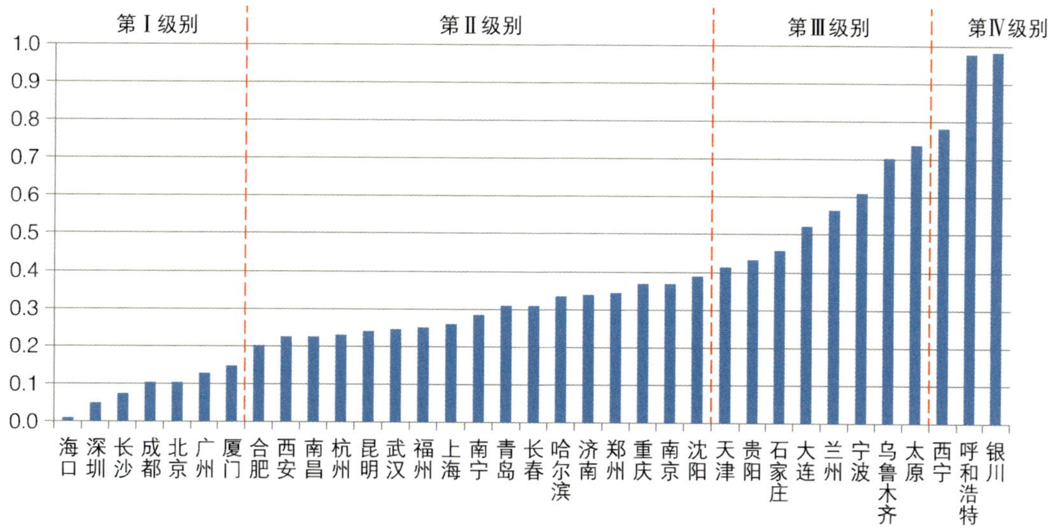

图 4-6　中国35个大中城市空气污染排放

差异的平均值为0.046，组内差异远大于Ⅰ、Ⅱ级别；第Ⅳ级别的3个城市空气污染排放指标均在0.750以上，组内均值高达0.916，相邻城市差异的平均值也高达0.101，具有较大差异。

排名第一的海口空气污染排放指标仅有0.90 kg/人，遥遥领先，排名最后的银川市空气污染排放指标高达68.16 kg/人，几乎是海口的76倍，差异较大。空气污染排放与城市能源消耗有较大关联，海口与银川都是能源消耗排名的首位和末位。其中，银川的高空气排放污染与其高能耗消耗有直接的关系，由于冬季供暖、春季风沙扬尘天气增多等原因，大气污染防治一直是银川生态治理的重中之重。值得一提的是，北京市排名第五，污染排放指标为7.32 kg/人，而其周围的天津、石家庄等城市排名均在后15位，这与北京近两年将重污染企业向河北省、天津等城市转移有关。

③ 固体废物排放指标

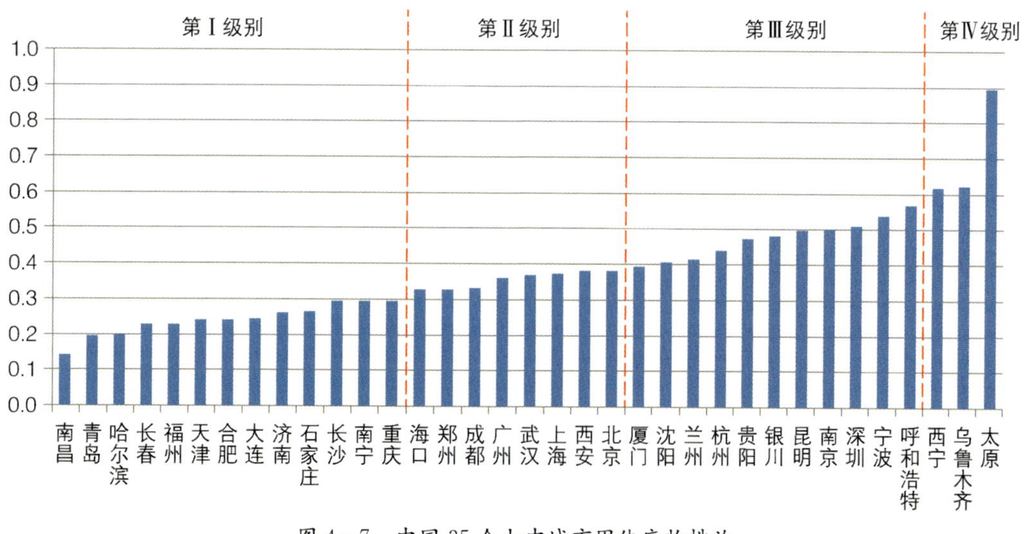

图 4-7　中国35个大中城市固体废物排放

按照“组间差异大、组内差异小”的原则将35个城市的固体污染排放指标分为四个级别。第Ⅰ级别的13个城市固体污染排放指标均低于0.300，组内平均值为0.241，组内相邻城市指标差异的平均值为0.013，差距较小；第Ⅱ级别的8个城市固体污染排放指标区间在0.328～0.381，组内平均值为0.357，组内相邻城市指标差异平均值为0.008，差距较小；第Ⅲ级别的11个城市固体污染排放指标区间在0.395～0.567，组内平均值为0.475，组内相邻城市指标差异平均值为0.017；第Ⅳ级别的3个城市固体污染排放指标值均在0.600以上，但组内相邻城市指标差异平均值高达0.140，差异较大。

如图4－7所示，固体废物排放位列前10的城市为南昌、青岛、哈尔滨、长春、福州、天津、合肥、大连、济南、石家庄。排名后三位的西宁、乌鲁木齐和太原3个城市的固体废物排放指标远远高于其他城市，分别为0.617、0.624和0.896。南昌的固体废物排放仅有0.48 t/人，太原的固体废物排放为6.1 t/人。排名较后的10个城市中，一类是深圳、南京、宁波等东部发达城市，发达的工业导致其固体废物排放超标；另一类则是太原、乌鲁木齐、西宁、银川等大量消耗能源并且尚未做到集约利用的中西部城市。

4.3 中国35个大中城市生态投入指数区域分析

4.3.1 城市区域分析

按生态投入排名的高低，采用玫瑰图的形式，以生态投入最高的银川市为起点，绘制了中国35个大中城市生态投入的资源消耗和污染排放分项指标得分的分布情况(图4－8)。

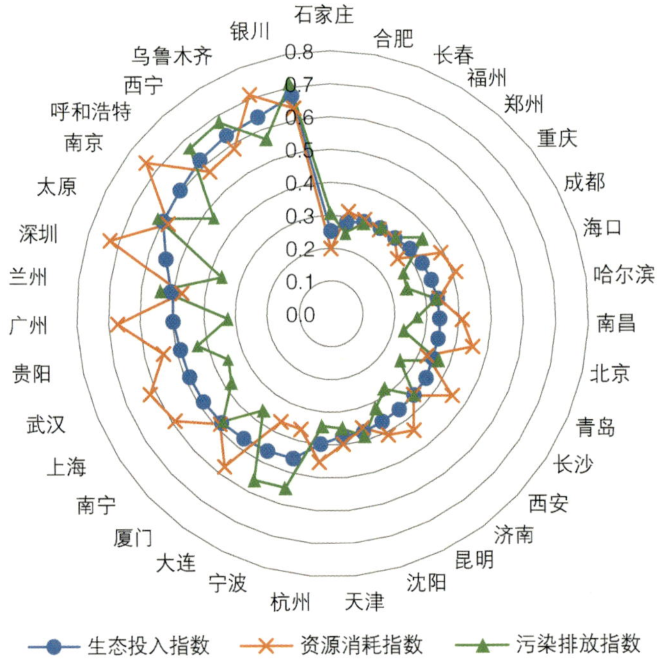

图4－8 中国35个大中城市资源消耗指数和污染排放指数分布玫瑰图

按资源消耗指数排名的高低，采用玫瑰图的形式，以资源消耗最高的南京市为起点，绘制了中国 35 个大中城市水资源消耗、土地资源消耗、能源消耗三个分项指标得分的分布情况（图 4-9）。

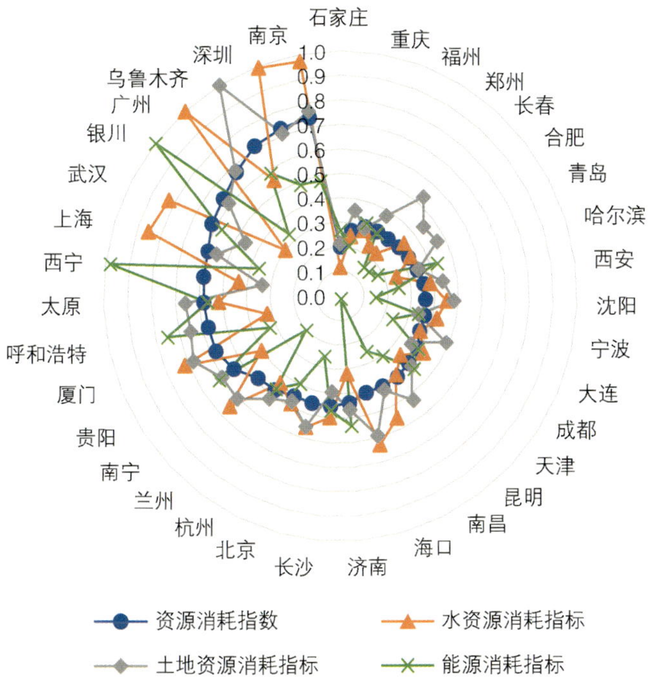

图 4-9　中国 35 个大中城市资源消耗分项指标分布玫瑰图

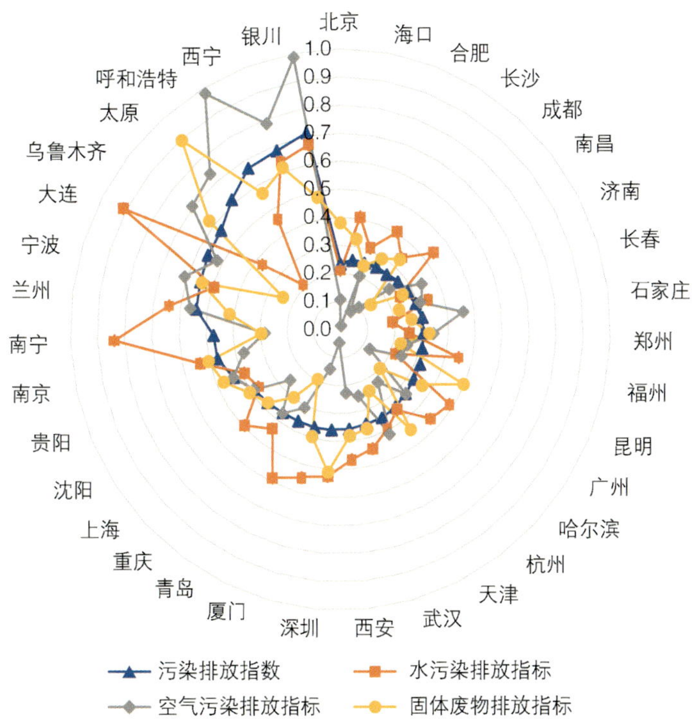

图 4-10　中国 35 个大中城市污染排放分项指标分布玫瑰图

按污染排放指数排名的高低，采用玫瑰图的形式，以污染排放最高的银川市作为起点，绘制了中国35个大中城市水污染排放、空气污染排放、固体污染排放三个分项指标得分的分布情况（图4-10）。

对各城市的分项指标得分玫瑰图进行深入分析，中国35个大中城市的生态投入主要有以下两个特征。

（1）部分城市生态投入问题突出

从本书建立的生态投入指标体系来看，部分城市生态投入问题较为突出。以生态投入排名靠后的三个城市为例，西宁市生态投入指数排名第33位，其水资源消耗、土地资源消耗、能源消耗、水污染排放、空气污染排放和固体废物排放6个分项分别排名为第19位、第3位、第34位、第31位、第33位、第33位，除土地资源消耗较小以外，其余五项指标都排名靠后，尤其是各类污染排放指数较高，在污染控制、治理方面存在较大问题；乌鲁木齐市生态投入指数排名第34位，其水资源消耗、土地资源消耗、能源消耗、水污染排放、空气污染排放和固体废物排放6个分项分别排名为第26位、第35位、第31位、第12位、第31位、第34位；银川市生态投入指数排名第35位，其水资源消耗、土地资源消耗、能源消耗、水污染排放、空气污染排放和固体废物排放6个分项分别排名为第7位、第28位、第35位、第33位、第35位、第27位，可见因为能源消耗带来的污染严重影响了当地的生态环境，带来了巨大的问题。

（2）部分城市污染排放与资源消耗之间极度不协调

从图4-8可见，污染排放与资源消耗并非完全正向关联，即使生态投入指数低、排名靠前的城市，消耗与排放也通常不均衡。35个城市中，污染排放和资源消耗排名相差10位以上的城市有13个，其中，重庆市两项指标排名相差20位，其资源消耗排第2位，但污染排放却排22位，这样的差距说明了重庆市污染较为严重，对于污染治理、控制及相关法律法规、环保宣传力度还有待加强。

对于资源消耗少、污染排放却高的城市，加强污染治理是解决生态投入问题的主要手段，应当提升污染治理的技术手段、加强相关法律法规制定、制定相应管理机制并促进污染治理相应知识的公众普及，从而弥补短板。

（3）资源消耗指标普遍不均衡

在图4-9中可以看出，资源消耗指数分项指标分布普遍不均衡。例如，长春市水资源消耗指标和能源消耗指标排名分别为第2位和第3位，但其土地资源消耗指标却位列第22位，说明相较于其他两项指标，长春市的土地资源集约利用程度有较大的提升空间；海口市能源消耗指标较小，排名第1位，但水资源消耗和土地资源消耗却较大，分别位于第28位和第25位。分项指标分布不均的特点，可以看出各个城市之间资源利用的差异，为进一步减少资源消耗提供了方向。

（4）个别城市的污染排放分项指标显著不均衡

如图4-10所示，可以看出太原、深圳、石家庄3个城市污染排放明显不均衡。例如，石家庄市水污染排放较少，指标值位列第1位，但空气污染较为严重，排放指标值位于第27位，问题较为紧迫；深圳市空气污染排放较少，指标值位列第2位，但水污染排放较为严重，排放指标位于第27位；太原市水污染排放指标值为0.212，位于第3位，但空气污染排放、固体废物排放较高，分别位于32位、35位，问题较为突出。各城市之间污染排放分项指标的不均衡，为进一步减少污染排放提供了方向。

4.3.2 八大综合经济区分析

“十一五”期间，国务院发展研究中心提出将内地划分为东部、中部、西部、东北四大板块，并可将四个板块划分为八大综合经济区。为了对城市的生态投入进行区域间分析，本书参照“十一五”提出的八大综合经济区进行划分，得到城市分类，具体如表4－5所示。

表4－5　中国35个大中城市区域分布

综合经济区	城市
东北	沈阳、大连、长春、哈尔滨
北部沿海	北京、天津、青岛、济南、石家庄
东部沿海	上海、南京、杭州、宁波
南部沿海	广州、深圳、厦门、福州、海口
黄河中游	太原、郑州、呼和浩特、西安
长江中游	武汉、长沙、合肥、南昌
大西南	成都、昆明、贵阳、南宁、重庆
大西北	兰州、西宁、银川、乌鲁木齐

将35个大中城市进行进一步处理，计算片区内各类指标的平均值，可得如表4－6所示的数据。

表4－6　八大综合经济区各项生态投入分项指标平均水平

综合经济区	水资源消耗指标	土地资源消耗指标	能源消耗指标	水污染排放指标	空气污染排放指标	固体污染排放指标	生态投入指数
东北	0.324	0.462	0.243	0.521	0.388	0.269	0.368
北部沿海	0.335	0.423	0.332	0.326	0.326	0.269	0.335
东部沿海	0.683	0.533	0.394	0.469	0.368	0.465	0.485
南部沿海	0.725	0.589	0.295	0.482	0.117	0.364	0.429
黄河中游	0.365	0.531	0.465	0.347	0.572	0.543	0.470
长江中游	0.554	0.432	0.362	0.399	0.188	0.262	0.366
大西南	0.424	0.489	0.344	0.445	0.287	0.378	0.394
大西北	0.431	0.615	0.758	0.581	0.760	0.534	0.613

由图 4－11 可见，生态投入总体情况由低到高排名依次为：北部沿海综合经济区、长江中游综合经济区、东北综合经济区、大西南综合经济区、南部沿海综合经济区、黄河中游综合经济区、东部沿海综合经济区、大西北综合经济区，且大西北综合经济区显著高于其他片区。综合经济区之间生态投入指数差距大，原因在于各综合经济区发展程度不同，其中，大西北地区由于环境禀赋和经济基础的原因，一方面生产消耗较为粗放，对资源的利用率不高，并且生态保护的意识不强；另一方面则缺乏现金的生产生活设备，对污染防治没有行之有效的方式，致使其生态投入指数远高于其他片区。

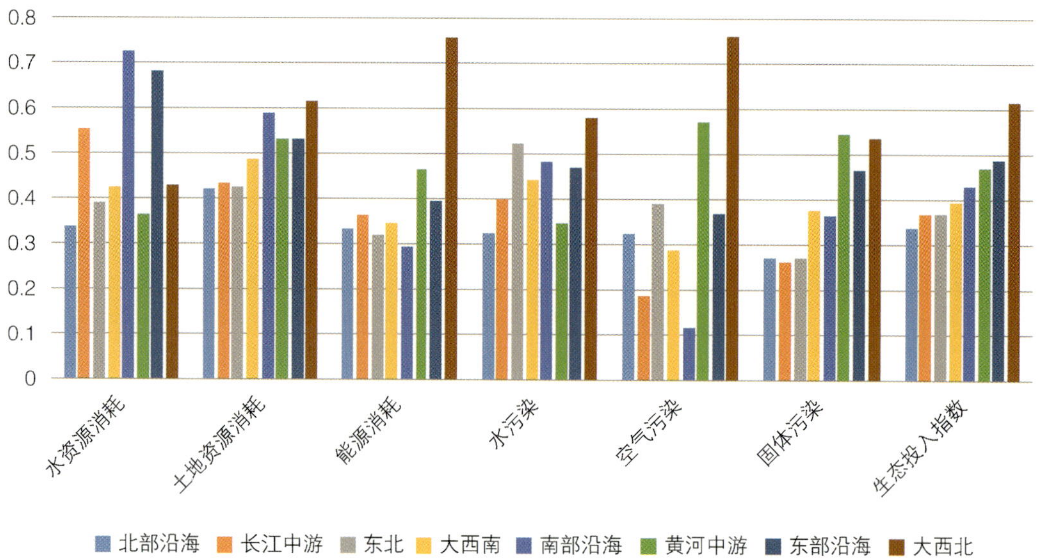

图 4－11　中国八大综合经济区生态投入平均水平比较

南部沿海、东部沿海及长江中游片区水资源消耗显著高于其他地区，主要原因在于这些地区水资源相对丰富，同时发达的工业也需要消耗大量的水资源。与之对应的水污染情况比大西北、东部地区稍好，这说明沿海地区经济发达，在发展经济的同时，相应的环保意识和各类环保相关的法律法规更加完善，同时污染处理工作也做得较好。

5

中国 35 个大中城市人类发展指数排名与解读

城市生态投入与人类福利发展相匹配是城市探索可持续发展之路的一个基本要义。第4章中已经分析了35个大中城市的城市生态投入水平，为了能够更清晰地判断城市可持续发展的状态，第5章将对中国35个大中城市人类发展进行分析。城市人类发展指的是一定时期之内，在一定的人口数量、技术水平以及经济规模下，在相应的生态投入基础之上所带来的城市公共福利水平的提升。

为了更加全面地识别和衡量目前我国各城市的人类福利总体发展特点，本章对35个大中城市人类发展指数进行了排名、城市分级分析，然后从预期寿命、教育程度和生活水平三类分项指标，深入解读了35个城市的人类发展状况，最后从区域和城市的角度分别对人类发展状况进行分类分析与总结。

5.1 中国 35 个大中城市人类发展指数排名

5.1.1 城市人类发展指数排名

本章旨在对城市可持续发展的福利维度指标，即人类发展指数进行详细分析，通过收集中国2015年城市统计年鉴、各地区统计年鉴中35个大中城市的人均预期寿命、人均受教育年限、人均GDP三项数据，并对其进行无量纲处理，对三个指标进行几何平均得到了中国35个大中城市的人类发展指数排名及各分项指标排名，计算结果如表5-1所示。

表 5-1　中国35个大中城市的人类发展指数排名及分项指标排名

城市	人类发展指数		预期寿命指标		教育指标		收入指标	
	得分	排名	得分	排名	得分	排名	得分	排名
广州	0.869	1	0.944	6	0.779	3	0.892	2
北京	0.860	2	0.951	3	0.783	2	0.854	8

续 表

城市	人类发展指数		预期寿命指标		教育指标		收入指标	
	得分	排名	得分	排名	得分	排名	得分	排名
南京	0.859	3	0.956	2	0.765	5	0.865	5
沈阳	0.854	4	0.923	12	0.813	1	0.831	15
深圳	0.851	5	0.918	14	0.734	9	0.915	1
上海	0.848	6	0.958	1	0.749	7	0.850	11
天津	0.841	7	0.940	8	0.736	8	0.862	6
厦门	0.841	8	0.924	11	0.774	4	0.833	14
武汉	0.839	9	0.927	10	0.749	6	0.851	10
大连	0.839	10	0.945	5	0.720	13	0.868	3
杭州	0.839	11	0.947	4	0.724	12	0.860	7
宁波	0.823	12	0.942	7	0.696	25	0.851	9
青岛	0.822	13	0.938	9	0.698	24	0.849	12
长沙	0.817	14	0.865	27	0.729	11	0.865	4
济南	0.811	15	0.899	18	0.719	14	0.824	16
太原	0.800	16	0.900	17	0.734	10	0.774	26
长春	0.799	17	0.908	15	0.701	21	0.802	18
郑州	0.797	18	0.898	19	0.699	22	0.806	17
呼和浩特	0.792	19	0.838	33	0.699	23	0.848	13
合肥	0.791	20	0.871	25	0.716	16	0.795	23
成都	0.791	21	0.895	20	0.690	26	0.800	21
海口	0.788	22	0.920	13	0.709	18	0.749	31
南昌	0.787	23	0.886	22	0.687	28	0.801	20
福州	0.785	24	0.860	29	0.703	20	0.800	22
银川	0.784	25	0.886	22	0.686	29	0.791	24
昆明	0.782	26	0.885	24	0.705	19	0.767	27
哈尔滨	0.776	27	0.903	16	0.680	31	0.761	30
西安	0.770	28	0.857	30	0.678	32	0.786	25
乌鲁木齐	0.769	29	0.800	35	0.710	17	0.801	19

续 表

城市	人类发展指数		预期寿命指标		教育指标		收入指标	
	得分	排名	得分	排名	得分	排名	得分	排名
兰州	0.767	30	0.823	34	0.719	15	0.763	29
贵阳	0.761	31	0.842	31	0.686	30	0.764	28
南宁	0.757	32	0.865	28	0.689	27	0.728	35
石家庄	0.757	33	0.867	26	0.670	33	0.746	32
重庆	0.747	34	0.889	21	0.631	35	0.743	33
西宁	0.743	35	0.838	32	0.661	34	0.739	34

根据表5-1中人类发展指数的测算结果来看，位列前5位的城市分别为广州、北京、南京、沈阳和深圳。广州的教育指标排名第3位，收入指标排名第2位，以极大的优势位列第1位；北京的预期寿命指标和教育指标都有着较大优势，整体排名第2位；南京三个指标均在前5以内的均衡发展也使之位列第3位；沈阳的教育指标在35个城市中位列榜首，使得其在2014年35个大中城市中位居第4位；深圳的收入指标依然排名第1位，但由于深圳的预期寿命指标以及教育指标排名相较收入指标有着严重滞后，分别位列第14位和第9位，使得人类发展指数排名第5位。

对全国35个大中城市进行单个城市内部及城市与城市间的对比分析，其结果都存在着不均衡的状况(图5-1)。对单个城市进行指标的横向分析，影响人类发展指数的预期寿命指标、教育指标和收入指标往往不是均衡发展，这种不均衡的发展会带给当地的人类发展一定的掣肘。以深圳为例，其教育指标和预期寿命指标严重滞后于收入指标，因此，此类城市应大力提高教育水平、公共卫生服务水平，加大公共服务的支出。对35个大中城市进行城市间的比较，也存在着较大差距，经济发展水平处在前列的城市通常人均预期寿命较高，发展相对落后的偏远地区人均预期寿命则相对偏低，发达地区相对优越的生活环境和趋于完善的医疗条件使得该地区的人均寿命相较欠发达城市更长。

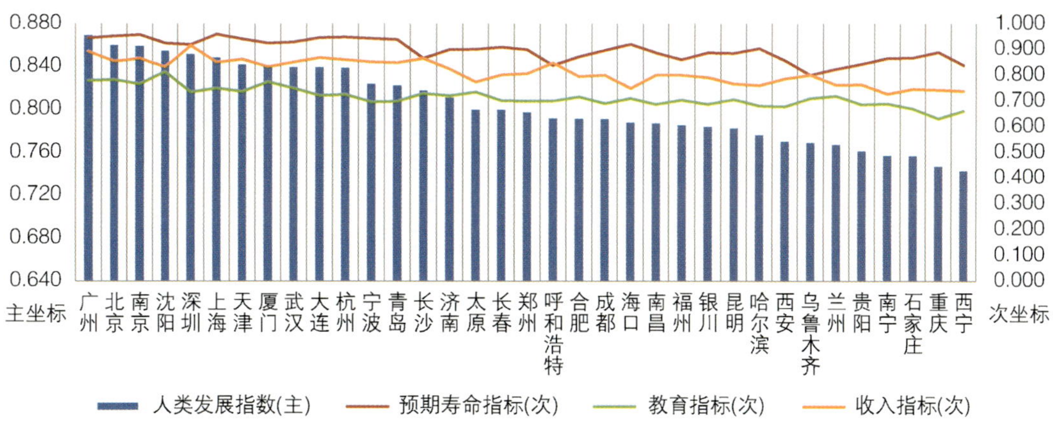

图5-1 中国35个大中城市人类发展指数及分项指数

5.1.2 城市人类发展水平分级

本书对中国35个大中城市的人类发展指数按照“组内差异小，组间差异大”的原则进行分级，使得各城市之间人类发展水平的差异能体现得更为明显。35个城市一共分为4个级别，各个级别间的差异较大，如图5-2所示。第Ⅰ级别与第Ⅱ级别之间相差0.015，第Ⅱ级别与第Ⅲ级别之间相差0.011，第Ⅲ级别与第Ⅳ级别之间相差0.010。

（1）第Ⅰ级别共11个城市，该级别人类发展指数在0.839～0.869之间，组内差值为0.030，均值为0.849。第Ⅰ级别的城市有两种特征，一是排名靠前的广州、北京、南京、沈阳、深圳和上海存在较大下降梯度，第Ⅰ级别的主要差距在这6个城市间拉开；二是天津、厦门、武汉、大连和杭州，HDI均在0.839～0.849之间，城市间几乎不存在差距。第Ⅰ级别的城市越靠前HDI优势越明显，越靠后各城市间水平不相上下。

（2）第Ⅱ级别共4个城市，该级别人类发展指数在0.811～0.823之间，组内差值为0.012，均值为0.818。位列第12到第15位的是宁波、青岛、长沙和济南4个城市，较第Ⅰ级别有一定差距，同时该级别内部也存在一定的梯度差。

（3）第Ⅲ级别共18个城市，人类发展指数在0.757～0.800之间，组内差值为0.043，均值为0.781。位列第16到第33位的为太原、长春、郑州、呼和浩特、合肥、成都、海口、南昌、福州、银川、昆明、哈尔滨、西安、乌鲁木齐、兰州、贵阳、南宁和石家庄18个城市。第Ⅲ级别内城市间差值的平均值仅为0.003，组内差距较小，与第Ⅱ级别内城市间拉开差距的情况相比，第Ⅲ级别整体人类发展水平偏低，同时各城市间差距不大。

（4）第Ⅳ级别为重庆和西宁两个城市，人类发展指数分别为0.747和0.743。两个城市的人类发展水平都低于0.800，与前三个级别的城市拉开较大差距。

图5-2可以直观表明，中国35个大中城市的人类发展水平总体较高，第Ⅰ级别极高水平的前6位互相之间拉开差距，后5位则几乎处在同样的高发展水平；第Ⅱ级别整体较第Ⅰ

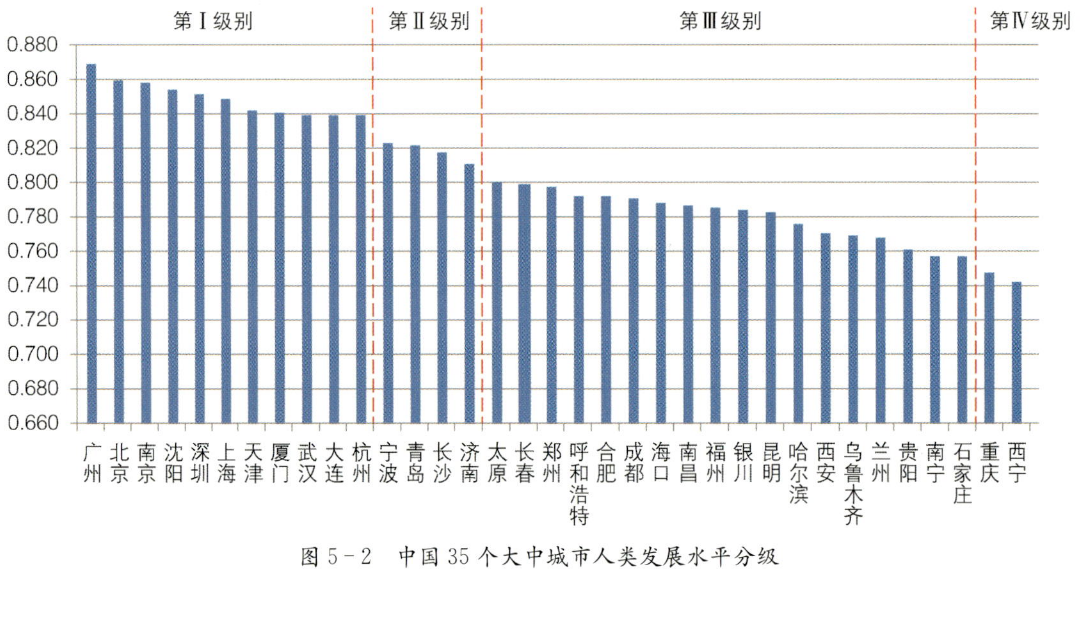

图5-2 中国35个大中城市人类发展水平分级

级别城市低，同样存在着梯度差；第Ⅲ级别是整体偏低，差距不明显，第Ⅳ级别则需要全方位做出改善，以争取达到第Ⅲ级别的水平。

5.2 中国 35 个大中城市人类发展分项指标分析

5.2.1 预期寿命指标分级

从图 5-3 中可以清晰地看出，人均预期寿命水平在各城市间存在着一定差异。经过本书的测算，中国 35 个大中城市人均预期寿命平均水平达到 78.33 年，相较全国的人均预期寿命(约 74.8 岁①)偏高。上海、南京、北京、杭州和大连 5 个城市排名前列，其中上海市的人均预期寿命达到 82.29 年。乌鲁木齐、兰州和呼和浩特位列倒数三位，人均预期寿命分别为 72 年、73.5 年、74.44 年。

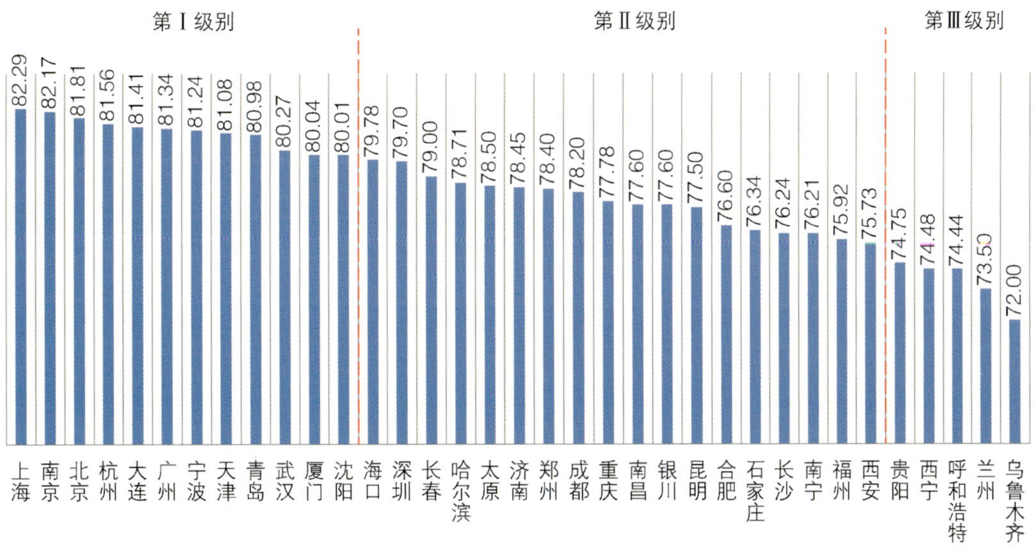

图 5-3 中国 35 个大中城市人均预期寿命分级

如图 5-3 所示，排名最低的乌鲁木齐和排名最高的上海之间已经达到 10.29 岁的差距。第Ⅰ级别的城市有上海、南京、北京、杭州、大连、广州、宁波、天津、青岛、武汉、厦门和沈阳 12 个城市，其人均预期寿命都在 80 岁以上，较大程度高于全国人均预期寿命。这一级别的城市分为两种，一种是医疗卫生条件都较好的发达城市，通常位于京津冀、长三角、珠三角等地区；另一种则是自身有着优质的环境禀赋，例如大连、青岛。第Ⅱ级别的 18 个城市的人均预期寿命在 75～80 岁之间，相较全国的平均水平稍高；第Ⅲ级别 5 个城市的人均预期寿命均在全国平均水平之下，贵阳、西宁、呼和浩特、兰州和乌鲁木齐均为处在西部地区，这些城市都是所在省的省会城市，是所在省份经济发展水平最高、医疗卫生条件最好的地方，因此我们可以推断得出，这些欠发达省的其他城市的人均预期寿命将远远落后于处在第Ⅰ、Ⅱ

① 中华人民共和国国务院新闻办公室. 国家人权行动计划(2012—2015)[J]. 人权，2012(4)：116-124.

级别的城市。

人均寿命会受到社会生活中各方面因素的影响，例如经济发展水平、医疗情况、教育质量、人口状况、环境质量、人口结构以及地理位置等，其中经济发展水平与人均预期寿命高度相关[1]，医疗卫生水平、当地人的行为及社会环境通常会影响死亡率。发达地区城市有着更好的生活水平与更完善的医疗条件设备，保障其具有更长的人均预期寿命。而欠发达地区医疗卫生服务与该地区的实际需求之间仍有着相当大的差距，卫生资源总量的供给仍存在较大缺口，卫生服务的公平性和广泛性仍然较低。

5.2.2 教育指标分级

从图 5-4 中可以看出，各城市的人均受教育年限的差异较小。第Ⅰ级别为沈阳、北京、广州、厦门、南京、武汉和上海，其中沈阳以人均教育年限第 1 和预期教育年限第 2 位列教育指标第 1 位；第Ⅲ级别的重庆是教育指标唯一低于 0.650 的城市，主要原因是 2014 年末重庆市辖区常住人口 2 991.4 万人，覆盖重庆市辖区，大人口基数中涵盖了一大部分农村地区人口，人均受教育年限较低。

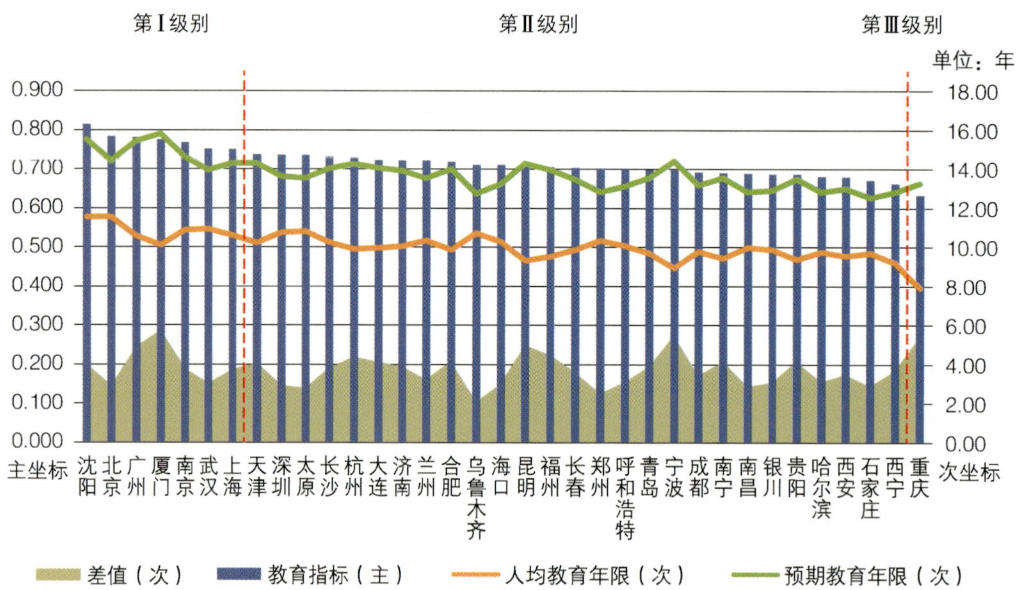

图 5-4 中国 35 个大中城市人均受教育年限分布排名

人口因素、经济因素、经费因素、师资因素都会对人均受教育年限造成影响。而导致城市人均受教育年限偏低的原因，可以归结成以下几点。

（1）高中以上学历人口比重偏低。以九年义务教育的普及为基础，通过大力发展高中及以上教育，能够使人均受教育年限提高。

（2）教育资源分布失衡。44 所“985 工程”院校为中国最优质的高等教育资源的集中

① 徐鑫. 对中国人均寿命影响因素的信息加权集结的计量分析[J]. 统计与信息论坛，2011(7)：52-58.

地，东部、中部与西部地区分别有31所、6所和7所“985工程”高校。122所“211工程”院校则在东部、中部和西部地区分别有76所、17所和29所。东部城市整体较为发达，排名靠前与教育资源更为丰富有着直接的联系。从数量上来说，高等教育的优质资源较多集中在东部，中部的优质高等教育资源相对最少。从区域分布来看，北京在全国和华北地区都是受教育水平最高的城市，中西部地区受教育水平最高的城市是武汉，长三角乃至南方教育水平最高的城市则是南京。高等院校云集则是这些城市的共同特点。

(3) 城市发展水平与高学历人口集聚之间存在明显的马太效应。高等教育中心城市或省会城市的人均受教育年限通常排名靠前，排名前五的城市分别是沈阳、北京、广州、厦门、南京。北京的人均受教育年限为11.50年，主要由于北京有着非常丰富的教育资源，云集了近百所高校，同时高学历人才毕业后一般选择留京发展。较长的人均受教育年限也凸显出了北京作为政治、文化中心的整体定位。

沈阳是35个城市中教育指数排名第1的城市，这归功于其注重提升基础教育的城乡一体化。沈阳以建设农村九年一贯制学校、提升进城务工子女学校办学水平等方式，整体上消除了城乡学校的办学条件差距。近年来，沈阳又进行集团化办学、委托管理和优秀教师支教，优质教育资源开始向农村学校流动，城乡教育资源得到了有效的流动和均衡。根据《中国城市可持续发展绿皮书》的数据显示，沈阳的教育指数排名2012年为第4名，2013年上升至第2名，2014年超过北京，位居第1。

图5-4中的差值为预期教育年限与人均教育年限之差值，大多数情况下能体现该地区未来人均教育年限的发展趋势，差值越大，人均教育年限越有提升的空间。例如厦门，人均教育年限仅有10.07年，位列第15，但其预期教育年限15.77年排名第1，两者的差值5.7年也是35个城市中最高，这意味着从长期看，厦门的人均教育年限的上升趋势将会更明显，表明厦门未来的人口教育水平将有着较大的提高空间。乌鲁木齐则与厦门相反，人均教育年限与预期教育年限差值仅有2.05年，主要源于其预期教育年限偏低(12.73年)，根据预期教育年限对于人均教育年限的先导作用我们可以推断，长期来看，乌鲁木齐的教育水平提升状况堪忧。

5.2.3 收入指标分级

从图5-5中可以看出，处在第Ⅰ级别的7个城市，深圳、广州、大连、长沙、南京、天津和杭州，其人均GDP都达到10万元以上，深圳以人均GDP 149 495元位列首位；第Ⅱ级别的9个城市人均GDP在8万元到10万元之间；第Ⅲ级别城市的人均GDP在6万元到8万元之间；第Ⅳ级别城市中太原位列第一，甚至还未达到深圳人均GDP的一半。从图5-5可以看出，35个城市的经济水平存在极大的差异，这种差距在人均GDP上表现得尤为明显。

从图5-5中看，排名前列的城市大多为沿海发达城市或地区的行政、经济中心，这些城市产业结构之间的差异是造成城市人均产出水平差异的重要原因。[①] 沿海城市和区域经济中心都有着共同的特点，例如历来有着较好的经济基础、周边人才聚集、通常能够借助其区

① 贾娜，周一星. 中国城市人均GDP差异影响因素的分析[J]. 区域发展，2006(8)：109-111.

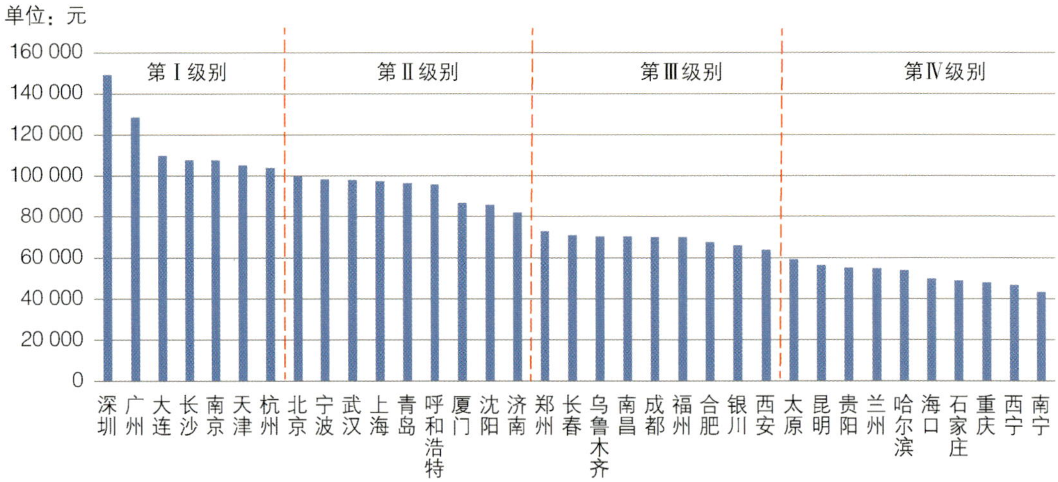

图 5－5　中国 35 个大中城市人均 GDP 水平状况

位优势和国家改革开放政策的首波经济浪潮，另外，南部沿海城市能够通过承接港台地区的产业转移迅速发展当地经济，在几十年的发展之后再调整产业结构，着力发展有较高经济附加值的第三产业，因此有着较高的人均 GDP。

深圳在人均 GDP 上蝉联第 1 位，源于近年来国家的创新驱动战略与深圳的优势相结合，深圳寻找到了新的增长点，即深圳从“经济特区”转型为“创新特区”。深圳的核心就是它能够将前海金融示范区和科技创新完美结合。中国这一轮供给侧改革的核心是创新驱动，而创新驱动的关键就是金融创新和科技创新相结合，凡是能把这两件事情结合起来做好的城市，就必然成为新一轮中国经济增长的领头羊。

值得注意的是排名第 4 位的长沙市。2008 年长沙提出要打造“中国工程机械之都”，2011 年又提出打造“全世界最大的装备制造基地”。长沙组建的智能制造研究总院是集科研平台、融资平台、服务平台、创业孵化为一体的一个智能制造“总管家”，这种大胆创新的做法在国内首屈一指。2014 年，长沙的规模以上装备制造企业从 723 家增加到了 769 家，只新增了 40 家；到了 2015 年则爆发式地新增了两百多家。长时间专注和深耕于装备制造领域也是长沙的人均 GDP 跃居前 5 的基础。

5.3　中国 35 个大中城市人类发展指数区域分析

5.3.1　城市区域分析

按照人类发展指数排名，以排名第 1 的广州为起点，将中国 35 个大中城市人类发展指数分项指标的得分情况（图 5－6）和排名情况（图 5－7）在玫瑰图中顺时针分布。下面对三个分项指标之间的关系进行分析。

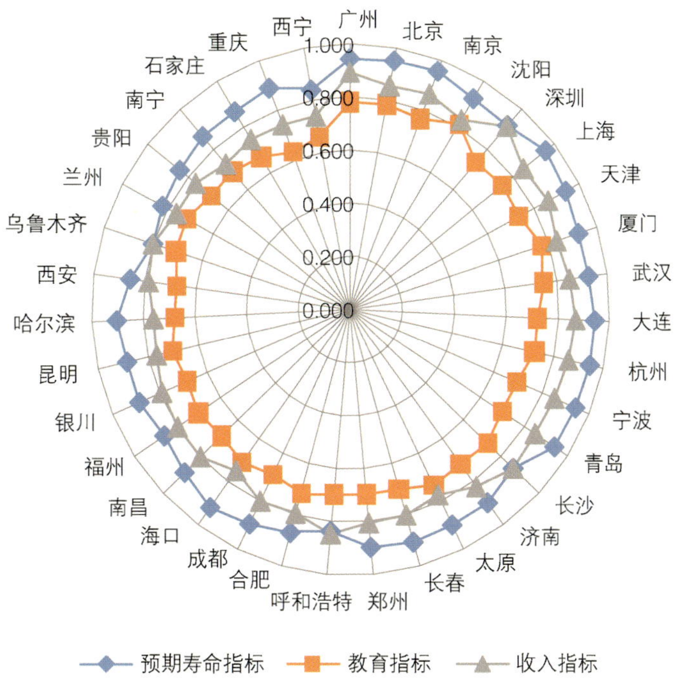

图5-6　中国35个大中城市人类发展指数分项指标分布玫瑰图

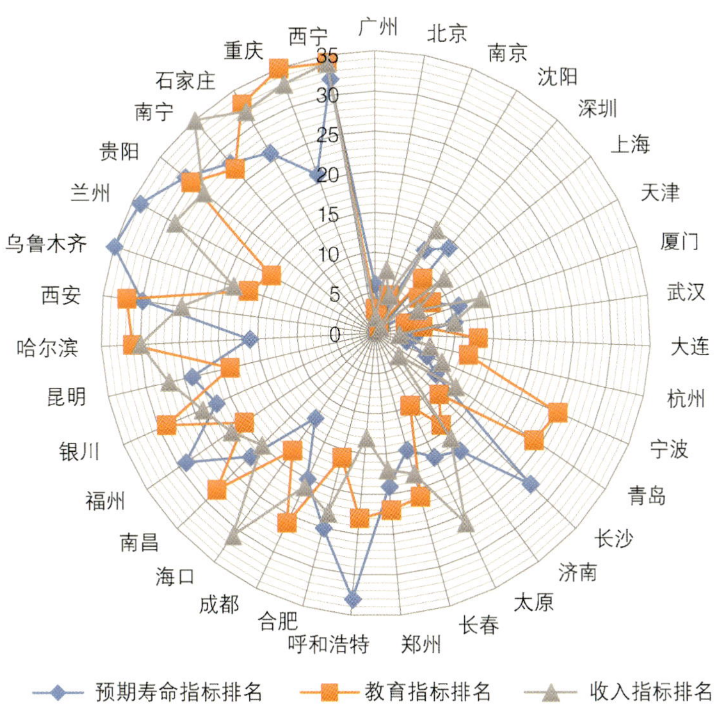

图5-7　中国35个大中城市人类发展指数分项指标排名玫瑰图

(1) 预期寿命与收入水平高度趋同

从图 5－6 和图 5－7 中可以看出，绝大部分城市的预期寿命和收入水平是趋同的，其中排名相差±5 位的城市有 23 个，约占 2/3。前 10 的城市中仅有深圳和上海两个城市的寿命和收入排名相差超过±5 位，分别为 13 位和 10 位。其中上海预期寿命排名第 1，但经济水平排名第 11，深圳的经济水平排名第 1，预期寿命仅排名第 14。这两个城市都是中国的经济中心，但上海作为更早发展的经济中心，其社会福利、医疗保障等已经发展到较高水平，故预期寿命能够排名前列。

经济收入作为生活的基础，只有不断去提高收入水平，才可能达到抗疾病、保健康、争长寿。另外，收入水平高的地区通常经济发展迅猛，一方面，逐步提升的经济发展水平能够为预防、遏制和战胜疾病以及抵抗自然灾害提供高效的物质技术手段保障；另一方面，在社会经济发展到一定程度时，整个社会的福利水平普遍提高，劳动保险和人身保险开始迎来更为广泛的发展。

(2) 教育水平与收入水平大部分趋同

从图 5－7 中可以看出，收入指标与教育指标之间存在一定相关性。整体来说，大多数城市的教育水平排名与收入水平排名趋同。有 18 座城市的排名相差在±5 名之内，这 18 座城市均匀分布在按照人类发展指数排名的 35 个大中城市中，其中教育水平和收入水平排名相差 1 位以内的城市为广州（第 1）、南京（第 3）、哈尔滨（第 27）、石家庄（第 33）和西宁（第 35），两者水平高度一致的城市出现排名两极分化的情况表明，高人类发展地区的教育水平和收入水平是相辅相成的，高收入带来高教育水平，高教育水平又反过来促进收入的上升，整体带来人类发展指数的上升，反之则是低人类发展水平地区的螺旋式下降。

一般来说，教育水平对收入水平有着很大程度的影响。较高的教育程度意味着更多更好的工作机会，即高学历通常意味着高收入。因此，教育水平的提高也是提升收入水平、缩小收入差距的重要方式。

5.3.2 八大综合经济区分析

根据第 4 章 4.3.2 的八大综合经济区的城市分类，对 35 个大中城市的人类发展指数的分析，结果如下：

(1) 各区域三项指标协同度存在差异

从图 5－8 中可以看到，各地区的指标一致性存在较大差异。东北和北部沿海各项指标排名都较为统一；东部沿海城市整体排名靠前，仅宁波的教育指标排名存在差异；南部沿海的城市间差异较大，其中广州、深圳和厦门三项指标整体排名靠前，海口和福州则与前三个城市拉开一定差距，并且三项指标差异较大；非沿海地区，包括长江中游、黄河中游、大西北和大西南，各城市的三项排名参差不齐，相较于沿海地区均衡发展的状态还有所欠缺。

(2) 各区域间发展极不均衡

将中国 35 个大中城市人类发展指数排名以 5 座城市为刻度进行划分，得到各经济区的城市排名分布图，如图 5－9 所示。

从图 5－9 来看，沿海地区和西部地区的分布都是较为集中的，其中沿海地区（北部沿

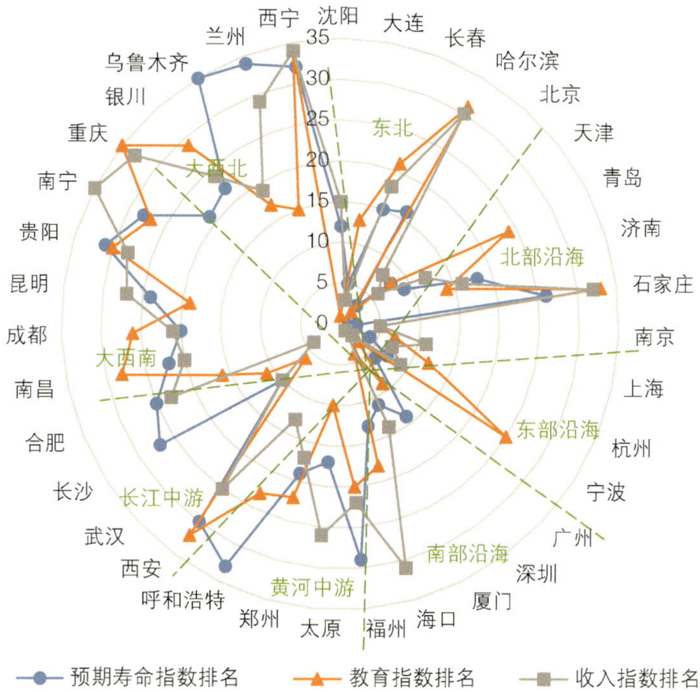

图5-8　中国35个大中城市人类发展指数分项指标排名分布玫瑰图

	1~5	6~10	11~15	16~20	21~25	26~30	31~35
大西北	0	0	0	0	1	2	1
大西南	0	0	0	0	1	1	3
长江中游	0	1	1	1	1	0	0
黄河中游	0	0	0	3	0	1	0
南部沿海	2	1	0	0	2	0	0
东部沿海	1	1	2	0	0	0	0
北部沿海	1	1	2	0	0	0	1
东北	1	1	0	1	0	1	0

图5-9　八大综合经济区城市人类发展指数排名分布的累计图

海、东部沿海、南部沿海）城市大多分布在前15位，南部沿海的海口（22位）和福州（24位）排名偏后，石家庄处在倒数第3，与其他北部沿海城市拉开了较大的差距。长江中游的城市均匀分布在6～25位之间，黄河中游的城市集中处在35个大中城市的中等偏下水平，图中可见长江中游经济区整体比黄河中游经济区的人类发展水平略高。西部地区(大西北、大西南)城市全部位于后 15 位,其中大西北城市的排名情况又稍优于大西南的城市——后 5 位中大西南占 3 位,大西北占 1 位。东北区域的 4 个城市之间差距十分大,沈阳排名第 4,大连排名第 10,长春排名第 17,哈尔滨排名第 27,表明辽宁省的人类发展水平整体优于吉林省和黑龙江省。

综上,我国八个经济区人类发展水平极度不均衡,沿海地区尤其是东部沿海和南部沿海已经拉开较大优势,排名遥遥领先。长江和黄河中游地区在 35 个城市中处于中等水平,其中长江中游城市略好于黄河中游城市;大西部则整体水平较低,暂未有城市能迈入前 20 名;东北地区发展不均衡,各省之间存在较大差距。

6 中国 35 个大中城市可持续发展四象限分类与解读

第 4 章、第 5 章分别对中国 35 个大中城市的生态投入水平与人类发展水平进行了分析，将生态半球与人类发展状况分别分析。然而，城市可持续发展研究需要将两个维度结合起来，综合分析。因此，本章将把城市生态投入指数和人类发展水平指数放在一个综合框架内进一步分析。

6.1 中国 35 个大中城市可持续发展四象限分类

将城市人类发展和城市生态投入两个指数放在一个综合框架内，本书建立了基于可持续发展效率前沿面的城市发展评估模型，来衡量 35 个大中城市的可持续发展。两轴四象限图能直观地表示各城市所处的象限和水平，有利于分析城市现状和提出改进路径。

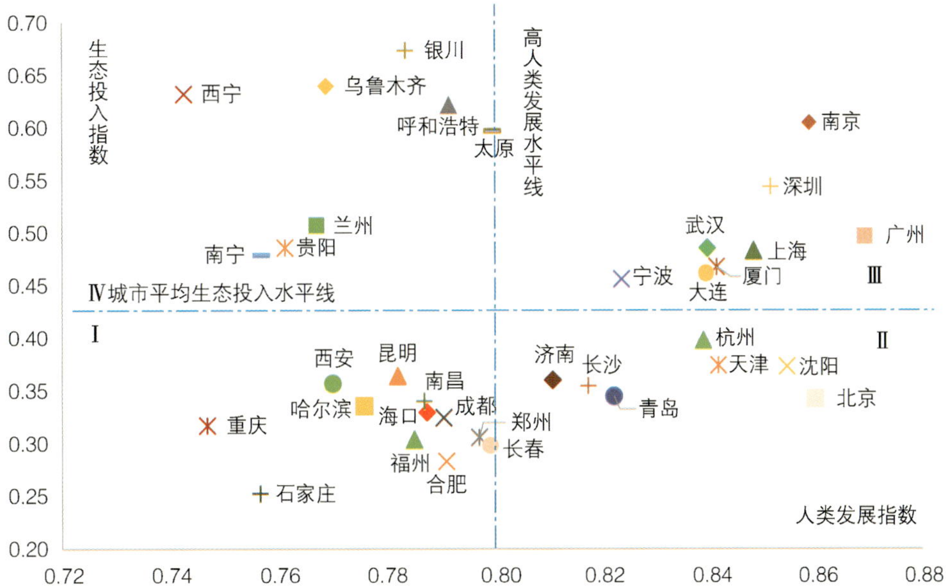

图 6-1 中国 35 个大中城市两轴四象限图

以人类发展指数为 X 轴，生态投入指数为 Y 轴，建立城市可持续发展评估直角坐标系，描出 35 个城市的位置。本书的城市发展分类模式分别以城市平均生态投入水平线（直线 y =0.429）和高人类发展水平线（ x = 0.80）为参照线，做出两轴四象限图（图 6-1）。

在图 6-1 中，高人类发展水平线和城市平均生态投入水平线相交后将整个区域划分成 4 个象限：Ⅱ区中城市是可持续发展城市，低投入获得高产出；Ⅰ区和Ⅲ区中的城市是欠可持续发展城市，低投入获得低产出或高投入获得高产出；Ⅳ区中的城市是不可持续发展的城市，高投入获得低产出。根据图 6-1 中城市分布，将各城市划分至相应象限，得到各城市可持续发展分类表（表 6-1）。

表 6-1　　中国 35 个大中城市可持续发展分类

象限区域	城市	投入产出特征	可持续发展水平
Ⅱ	北京、杭州、天津、青岛、沈阳、长沙、济南	低投入高产出	可持续发展
Ⅰ	成都、重庆、西安、郑州、长春、昆明、合肥、哈尔滨、福州、海口、南昌、石家庄	低投入低产出	欠可持续发展
Ⅲ	上海、广州、深圳、南京、武汉、宁波、厦门、大连	高投入高产出	
Ⅳ	太原、呼和浩特、乌鲁木齐、南宁、兰州、贵阳、银川、西宁	高投入低产出	不可持续发展

6.2　Ⅰ区：低投入低产出类城市及解读

低投入低产出类城市表现为生态投入和人类发展都比较低，由图 6-1 可见，区域Ⅰ中的城市包括成都、重庆、西安、郑州、长春、昆明、合肥、哈尔滨、福州、海口、南昌、石家庄这 12 个城市。

究其原因，可发现该类城市人均 GDP 均低于 35 个大中城市的平均水平，其中，重庆、石家庄、海口位于人均 GDP 后五位，远低于平均水平。经济相对落后是其低投入、低产出的原因之一。

6.3　Ⅱ区：低投入高产出类城市及解读

低投入高产出是城市可持续发展的较理想状态，表现为生态投入保持在较低水平，城市人类发展已达到高人类发展水平，低投入高产出，基本实现城市的可持续发展。该类城市在力争 *HDI* 增长的同时，注重对水、土地和能源等资源的投入控制，实现了社会发展与资源发展的协调。由图 6-1 可得该类城市包括北京、杭州、天津、青岛、沈阳、长沙、济南。

不难发现，上述 7 个城市均属于国内发展较快的城市，经济发展、生态环境、社会发展等方面都有示范作用。以北京为例，2014年北京的人均教育年限为11.5年，为35个城市中最高水平。北京作为我国政治、经济、文化的中心，拥有丰富的教育资源，除此之外，近年来北京加强污染治理，污染排放指标位列35个城市中第1名，除固体废物排放稍高以外，其余排放指标控制较好。

6.4　Ⅲ区：高投入高产出类城市及解读

由图6-1可见，上海、广州、深圳、南京、武汉、宁波、厦门、大连这8个城市处于区域Ⅲ，属于高投入高产出类城市，该类城市表现为城市人类发展已经达到较高水平，但是生态投入超过了适度范围。

这8个城市除武汉以外，均属于东部、南部沿海综合经济区，经济发展较快，但多是以能源消耗为基础的发展模式。以广州为例，其HDI指数位列35个城市中的首位，人均GDP、人均预期寿命和人均教育年限都处于较高水平，但这种进步是由大量的资源投入获得的，在资源消耗排名中，广州市位列第32位，在水资源、土地资源方面有大量消耗。其余7个城市也均属于资源消耗较高类型。

因此，该类城市应重视“节能减排”，积极建设资源节约型、环境友好型的绿色经济之路，在保持高产出的成果同时，减少生态投入。

6.5　Ⅳ区：高投入低产出类城市及解读

Ⅳ区是高投入低产出的不可持续发展模式，是城市可持续发展的最不理想状态，太原、呼和浩特、乌鲁木齐、南宁、兰州、贵阳、银川、西宁这8个城市均属于该类别。这8个城市在生态投入上同其他城市的平均水平存在比较大的差距，同时在人类发展指数上远低于高人类发展水平线。例如，银川、西宁和乌鲁木齐市的生态投入较高，生态投入指标值居于35个大中城市前三位，但其HDI指数却很低，均位于35个大中城市后10位。

这一类城市多属于西部欠发达地区，由于地理位置、环境条件、经济基础、产业结构、思想观念等原因，造成高投入、低产出的状态。

在地理位置方面，该类城市大部分位于西部，相对偏远，由于交通不发达、信息不通畅等原因，该类城市发展较慢；在环境条件方面，该类城市大部分位于西北部，多有干旱、扬尘、沙尘暴等情况，环境治理有一定难度；同时，薄弱的经济基础使得该类城市的建设处于较低的起点，需要大量的资金、物质资料的投入来弥补。除此之外，当地人民落后的思想观念使得其不重视教育或是造成资源地不恰当使用。以上多方面原因综合影响了这类城市的可持续发展。

7 中国35个大中城市可持续发展效率排名与解读

在可持续发展分类评估模型的基础上，本书采用数据包络分析方法(DEA)来评价城市可持续发展效率，即判断城市生态投入与城市人类发展的配比是否达到最优，可持续发展是否达到技术有效和规模有效。

7.1 中国35个大中城市可持续发展效率排名

基于数据包络分析方法(DEA)，对中国35个大中城市生态投入指数与人类发展指数进行单投入—单产出的可持续发展效率评价，如表7-1所示。

表7-1 中国35个大中城市生态投入指数、人类发展指数和可持续发展效率排名

城市	城市生态投入指数	城市人类发展指数	可持续发展效率	效率排名
北京	0.343	0.860	1.000	1
广州	0.498	0.869	1.000	1
石家庄	0.252	0.757	1.000	1
合肥	0.284	0.791	0.997	4
长春	0.299	0.799	0.970	5
郑州	0.306	0.797	0.941	6
福州	0.304	0.785	0.914	7
沈阳	0.374	0.854	0.905	8
青岛	0.345	0.822	0.899	9
天津	0.375	0.841	0.873	10
成都	0.325	0.791	0.870	11

续　表

城市	城市生态投入指数	城市人类发展指数	可持续发展效率	效率排名
长沙	0.355	0.817	0.861	12
海口	0.330	0.788	0.847	13
济南	0.360	0.811	0.832	14
南昌	0.340	0.787	0.821	15
杭州	0.398	0.839	0.815	16
哈尔滨	0.336	0.776	0.801	17
重庆	0.318	0.747	0.795	18
昆明	0.365	0.782	0.754	19
西安	0.357	0.770	0.740	20
大连	0.462	0.839	0.703	21
厦门	0.468	0.841	0.698	22
上海	0.483	0.848	0.689	23
宁波	0.456	0.823	0.682	24
武汉	0.485	0.839	0.670	25
深圳	0.545	0.851	0.616	26
南京	0.604	0.859	0.566	27
南宁	0.479	0.757	0.528	28
贵阳	0.487	0.761	0.527	29
兰州	0.507	0.767	0.516	30
太原	0.597	0.800	0.486	31
呼和浩特	0.622	0.792	0.455	32
乌鲁木齐	0.640	0.769	0.412	33
银川	0.674	0.784	0.410	34
西宁	0.632	0.743	0.399	35

35 个大中城市中可持续发展效率排名前 10 的依次为北京、广州、石家庄、合肥、长春、郑州、福州、沈阳、青岛和天津。其中，北京、广州、石家庄的效率为 1，位于可持续发展效率的前沿面上。可持续发展效率排名较为落后的城市依次为呼和浩特、乌鲁木齐、银川和西宁。

运用玫瑰图，将可持续发展效率的排名按照高低进行顺时针排布，如图 7 - 1 所示。

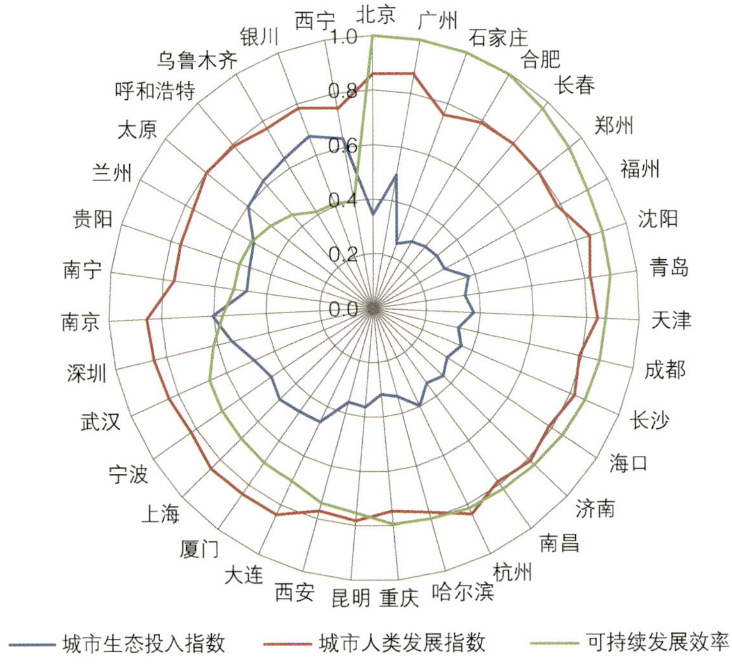

图 7-1　中国 35 个大中城市可持续发展效率玫瑰图

7.2　中国 35 个大中城市可持续发展效率分级

将中国 35 个大中城市可持续发展效率划分为四类：可持续发展低效率城市、中等效率城市、较高效率城市和高效率城市，如表 7-2 所示。

表 7-2　城市可持续发展效率分类标准

城市效率分类	低效率城市	中等效率城市	较高效率城市	高效率城市
效率值 E	$0.0 \leqslant E < 0.6$	$0.6 \leqslant E < 0.8$	$0.8 \leqslant E < 1.0$	$E = 1.0$

中国 35 个大中城市可持续发展效率分级如图 7-2 所示：

属于可持续发展高效率的城市有 3 个，分别为北京、广州、石家庄。从四象限分类来看，北京、广州属于低生态投入指数、高人类发展指数的城市，石家庄属于低生态投入指数、低人类发展指数的城市。其中石家庄的人类发展指数虽未达到高人类发展水平线，但该城市的生态投入控制得非常好，在 35 个城市中排名第 1。该类城市的生态投入和人类发展配比已达到相对最优。

属于可持续发展较高效率的城市有 14 个，包括合肥、长春、郑州、福州、沈阳、青岛、天津、成都、长沙、海口、济南、南昌、杭州和哈尔滨。其中沈阳、青岛、天津、长沙、济南、杭州为低生态投入指数、高人类发展指数的城市，其余则都为低生态投入指数、低人类发展指数的城市。这些城市在污染排放和资源消耗方面表现较好，生态投入指数均较

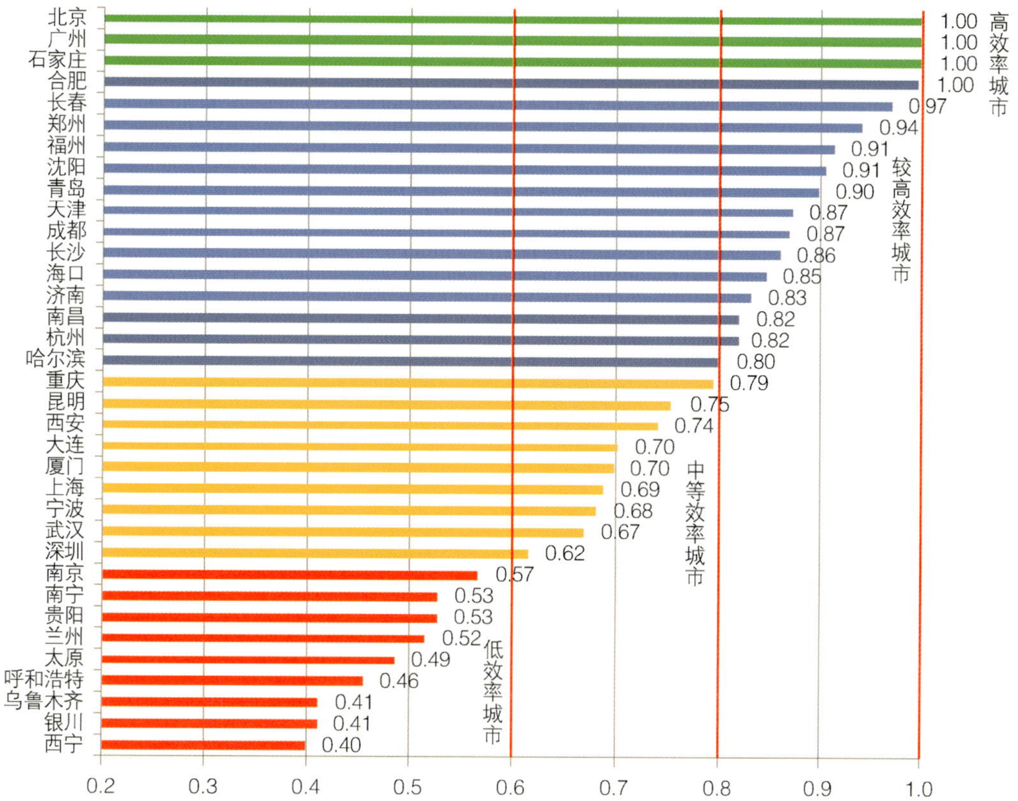

图 7-2　中国 35 个大中城市可持续发展效率分级

大程度低于城市平均生态投入水平线。该类城市的生态投入和人类发展配比已达到相对较优。

属于可持续发展中等效率的城市有 9 个，包括重庆、昆明、西安、大连、厦门、上海、宁波、武汉和深圳。其中重庆、昆明、西安为低生态投入指数、低人类发展指数的城市，其余均为低生态投入指数、高人类发展指数的城市。这些低生态投入指数、高人类发展指数的城市之所以仅处于可持续发展效率的中等水平，从两个指标分析主要还是因为其生态投入指数虽优于城市平均生态投入水平线，但与高效率和较高效率城市相比仍有所不及。总体而言，该类城市的生态投入和人类发展配比仅达到中等水平。

属于可持续发展低效率的城市有 9 个，包括南京、南宁、贵阳、兰州、太原、呼和浩特、乌鲁木齐、银川和西宁。其中，南京为高生态投入指数、高人类发展指数的城市，由于其生态投入指数非常高，因此虽然人类发展指数表现不错，但总体仍属于可持续发展低效率城市；南宁、贵阳、兰州为低生态投入指数、低人类发展指数的城市，这些城市的人类发展指数仍有待提升，因此仍属于可持续发展低效率城市；其余城市均为高生态投入指数、低人类发展指数的城市，该类城市的生态投入和人类发展配比仍处于较低水平。

7.3 中国35个大中城市可持续发展效率区域分析

如前文所述，将本书所研究的中国35个大中城市按照“十一五”的八大综合经济区划分方式进行分类：东北综合经济区包含4个城市，北部沿海综合经济区包含5个城市，东部沿海综合经济区包含4个城市，南部沿海综合经济区包含5个城市，黄河中游综合经济区包含4个城市，长江中游综合经济区包含4个城市，大西南综合经济区包含5个城市，大西北综合经济区包含4个城市。

将2014年中国35个大中城市的可持续发展效率按排名分段来研究八大综合经济区的分布情况(图7－3)，可得：

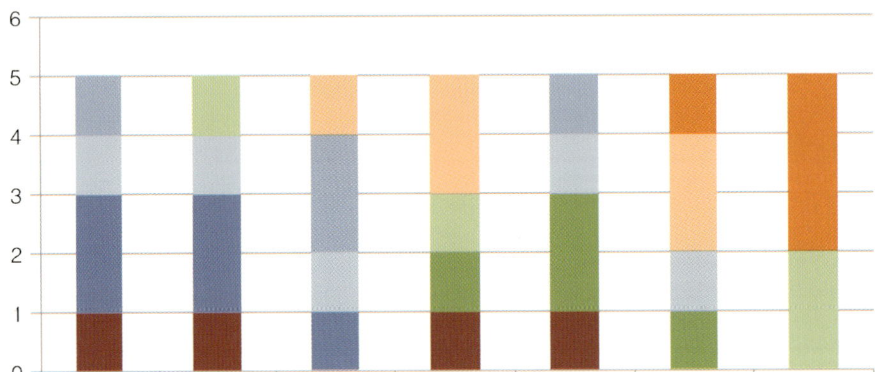

	1~5	6~10	11~15	16~20	21~25	26~30	31~35
大西北	0	0	0	0	0	1	3
大西南	0	0	1	2	0	2	0
长江中游	1	0	2	0	1	0	0
黄河中游	0	1	0	1	0	0	2
南部沿海	1	1	1	0	1	1	0
东部沿海	0	0	0	1	2	1	0
北部沿海	2	2	1	0	0	0	0
东北	1	1	0	1	1	0	0

图7－3 我国八大综合经济区可持续发展效率比较

各综合经济区内部，排名相对比较集中的包括北部沿海综合经济区、东部沿海综合经济区和大西北综合经济区。其中北部沿海综合经济区整体最好，5个城市均位于前15名内，并包含可持续发展效率第1的北京和石家庄，表明作为最有实力的高新技术研发和制造中心之一，该区域的整体可持续发展水平已相对较优；东部沿海综合经济区整体排名分布在16～30位之间，处于中偏后的位置；大西北综合经济区整体排名相对落后，涉及的4个城市可持续效率均排在末10位内，且生态投入、人类发展指数均不理想，因此该区域在履行能源战略接替基地目标的同时，应密切重视提升区域的可持续发展水平。

其余5个综合经济区涉及的城市排名相对比较分散。尤其是南部沿海综合经济区，涉及的5个城市排名分散在1～30名之间，既包含可持续发展效率第1的广州，也包括第26的深圳，说明该综合经济区内的各城市虽然属于同一经济区，但城市之间的可持续发展水平还参差不齐。因此,以强带弱,协同各城市共同增强可持续发展能力,是这一类综合经济区发展必须坚持的一项长远战略。

7.4 中国 35 个大中城市可持续发展优化分析

运用数据包络分析方法得到各城市的可持续发展效率,其中北京、广州、石家庄这 3 个城市在各自投入水平上产生了最高的城市人类发展水平,城市可持续发展效率相对最高(DEA 有效),图 7-4 中将这 3 个城市进行连线构成了可持续发展效率的前沿面。

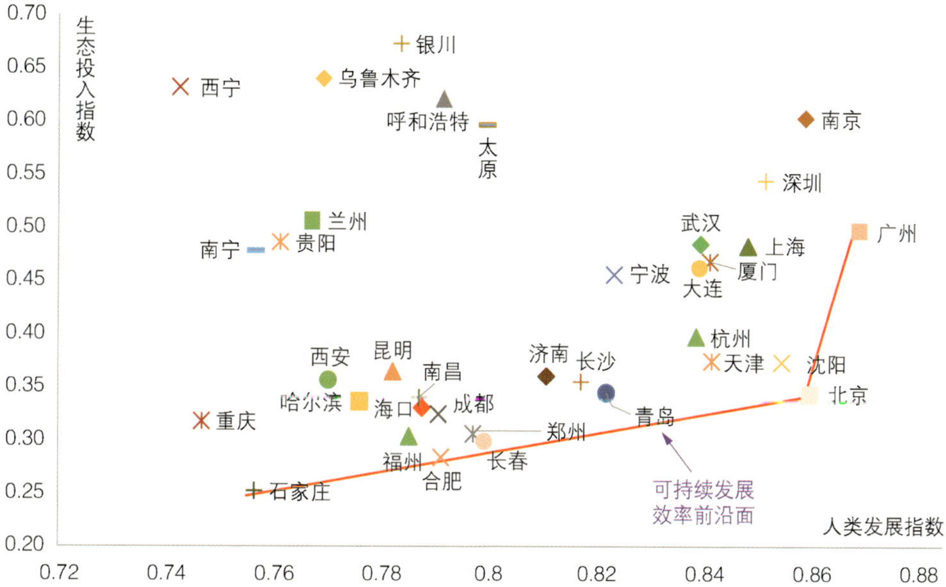

图 7-4 中国 35 个大中城市可持续发展效率 DEA 分析

从图 7-4 中可以看出,越接近可持续发展效率前沿面的城市,可持续发展效率越高,如合肥、长春、郑州等城市。而距离可持续发展效率前沿面越远的城市,其城市可持续发展效率越低,如西宁、银川、乌鲁木齐、呼和浩特等城市。从理论上,非 DEA 有效的城市通过控制和调整投入和产出水平,可以更加接近前沿面,从而实现可持续发展优化的目标。

8 中国 35 个大中城市可持续发展模式选择与改进路径

莱斯特·布朗提出，城市发展的 B 模式主要是通过提高资源生产率实现城市更好的发展。诸大建教授认为发达国家要实现绿色转型可选择 B 模式，而发展中国家宜选择 C 模式实现城市可持续发展，即人均生态投入范围内提高人类发展水平。本书结合中国城市发展实际状况，提出 D 模式和 S 模式，丰富了可持续发展模式。本章对中国 35 个大中城市的可持续发展模式的选择和改进进行了研究。

8.1 中国 35 个大中城市可持续发展模式选择

在中国 35 个大中城市的分类图中加入高人类发展水平 HDI＝0.8[①]和城市平均生态投入水平 0.429 两条参照线，将坐标系划分为四个区域，以区分城市发展的投入和产出水平

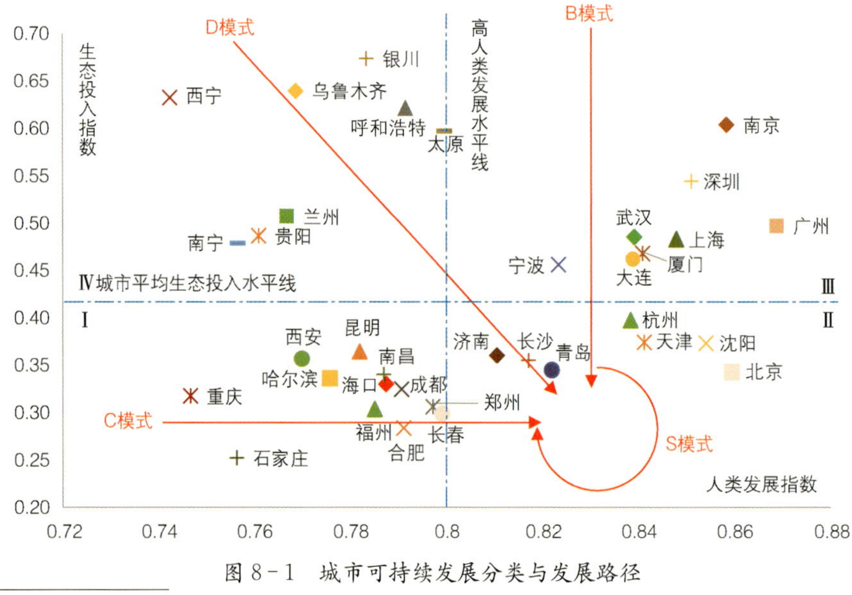

图 8-1 城市可持续发展分类与发展路径

① 联合国开发署界定，HDI 高于 0.8 属于高人类发展水平。

(图8-1)。本书把中国35个大中城市分为4类：低投入低产出的Ⅰ区，低投入高产出的Ⅱ区，高投入高产出的Ⅲ区和高投入低产出的Ⅳ区，针对每一区域城市的不同投入产出特点，给以不同的可持续发展路径建议以指导城市未来发展。中国35个大中城市的可持续发展模式选择情况详见表8-1。

表8-1　城市可持续发展模式和路径选择

区域	发展模式选择	城市
Ⅰ区	C模式(扩容)	成都、重庆、西安、郑州、长春、昆明、合肥、哈尔滨、福州、海口、南昌、石家庄
Ⅱ区	S模式(优化)	北京、杭州、天津、青岛、沈阳、长沙、济南
Ⅲ区	B模式(提质)	上海、广州、深圳、南京、武汉、宁波、厦门、大连
Ⅳ区	D模式(提质+扩容)	太原、呼和浩特、乌鲁木齐、南宁、兰州、贵阳、银川、西宁

8.1.1　Ⅰ区域城市选择C“扩容”模式

在Ⅰ区域，成都、重庆、西安、郑州等12个大中城市处于该区域，约占34.29%，表明中国大中城市整体可持续发展水平有待于进一步提高。该类型城市都处于低投入低产出的状态，属于欠可持续的发展方式。它们应在提高经济发展质量的前提下，实现扩大经济发展规模，提高生态投入产出效率，逐步提高人类发展水平。因此这类城市应该选择继续人均生态投入水平与提高人类发展水平相对脱钩的城市发展C模式，在其改进路径的选择上选择“扩容”。

8.1.2　Ⅱ区域城市选择S“优化”模式

Ⅱ区域中的城市包括北京、天津、杭州等7个大中城市，约占20%。该类型城市处于低投入高产出的状态，是城市可持续发展的较为理想状态。该区域中的城市应选择追求城市稳态发展的S模式，在其不断追求高质量发展的改进路径上选择不断优化。虽然目前在Ⅱ区中的城市可持续发展水平较高，但与国外可持续发展程度较高的城市相比还有差距，该类城市应该在保证当前城市人类发展的前提下，减少生态投入，提高效率，通过控制物质规模和限制空间来实现城市绿色转型。

8.1.3　Ⅲ区域城市选择B“提质”模式

在Ⅲ区域中有广州、深圳等8个大中城市，约占22.86%。该区域城市的人类发展已经达到高水平，但其生态投入却超过了城市生态投入平均水平，是欠可持续的发展方式。该类型城市的改进路径可以选择B模式，即在保持和提高人类发展指数不减少的情况下减少资源环境的消耗回到生态承载力范围内。可以通过经济结构转型，提高能源利用效率，建立生态环境友好的绿色经济增长方式，过渡到低投入高产出的可持续发展模式，促进自身的可持续发展。

8.1.4 Ⅳ区域城市选择D“提质+扩容”模式

Ⅳ区域中的城市包括太原、兰州等8个城市，约占22.86%。该区域城市都处于高投入低产出的发展时期，是不可持续的发展方式。该类型城市投入了大量资源而并没有得到相应的经济回报和福利回报。因此，在该区域的城市应同时节约资源，节能减排和促进人类发展水平，走可持续发展的D模式，在改进路径上选择提质、扩容，不仅要提高城市经济发展的质量、优化产业结构，还要提高人类发展水平。

8.2 中国35个大中城市可持续发展改进路径

本书第7章城市可持续发展效率排名和城市分区分析的基础是将资源消耗与污染排放综合成单一指数作为投入、以人类发展指数作为产出进行的单投入—单产出的DEA效率评估。该方法虽然很好地解释和评估了城市投入与产出的效率关系，却难以很好地体现消耗和排放两个指标的反向特征，表达城市真实资源消耗投入与生活生产排放的有效状态及其改进路径。因此，本章将资源消耗指数与污染排放指数看作彼此独立的两个投入指标，利用DEA理论中的加性模型来计算各城市分别在消耗、排放与发展指数上的最佳改进目标，确定其在资源消耗、污染排放和人类发展三个维度上的首要改进方向。下面就基于DEA理论中加性模型针对Ⅰ区、Ⅱ区、Ⅲ区、Ⅳ区城市分别计算各城市在资源消耗、污染排放与发展指数上的三维最佳改进量，以此为依据分析各区城市实现可持续发展的具体改进路径，为城市可持续发展提供更加明晰和科学的实施依据。

8.2.1 Ⅰ区城市改进路径

基于DEA理论中加性模型计算的Ⅰ区城市资源消耗指数、污染排放指数与人类发展指数初始值、改进量与改进率(改进量与初始数据的百分比)详见表8-2。

表8-2　Ⅰ区城市资源消耗指数、污染排放指数及人类发展指数

城市	资源消耗指数			污染排放指数			人类发展指数			改进方向
	初始值	改进量	改进率	初始值	改进量	改进率	初始值	改进量	改进率	
石家庄	0.199	0.000	0.0%	0.306	0.000	0.0%	0.757	0.000	0.0%	相对最优
合肥	0.316	0.000	0.0%	0.252	0.000	0.0%	0.791	0.000	0.0%	
成都	0.391	0.083	21.2%	0.258	0.000	0.0%	0.791	0.000	0.0%	节约资源
海口	0.411	0.080	19.6%	0.250	0.000	0.0%	0.788	0.011	1.4%	
南昌	0.410	0.121	29.5%	0.270	0.000	0.0%	0.787	0.000	0.0%	

续　表

城市	资源消耗指数			污染排放指数			人类发展指数			改进方向
	初始值	改进量	改进率	初始值	改进量	改进率	初始值	改进量	改进率	
长春	0.305	0.001	0.4%	0.292	0.017	5.7%	0.799	0.000	0.0%	减少排放
郑州	0.304	0.005	1.6%	0.308	0.031	10.1%	0.797	0.000	0.0%	
昆明	0.410	0.148	36.0%	0.319	0.032	10.0%	0.782	0.000	0.0%	节约为主减排为辅
西安	0.356	0.123	34.7%	0.358	0.062	17.3%	0.770	0.000	0.0%	
哈尔滨	0.341	0.094	27.6%	0.332	0.040	11.9%	0.776	0.000	0.0%	
重庆	0.268	0.069	25.8%	0.367	0.061	16.7%	0.747	0.010	1.3%	
福州	0.298	0.028	9.6%	0.309	0.024	7.7%	0.785	0.000	0.0%	

Ⅰ区城市可持续发展改进路径上选择“扩容”路径，实现Ⅰ区城市改进达到发展前沿面以后，继续沿发展前沿面运动到Ⅱ区，以求实现低投入高产出的可持续发展。Ⅰ区各城市整体呈现着低投入低产出的发展特征，但通过三维加性模型分析，可以发现基于效率改进方向，Ⅰ区各城市分为相对最优；资源消耗改进；污染排放改进；资源消耗为主，污染排放为辅改进四种类型。

相对最优城市为石家庄与合肥。这两个城市相比较于Ⅰ区其他城市，投入产出效率相对最优状态，但急切需要通过进一步扩容沿可持续发展前沿面实现城市的可持续发展。

资源消耗改进城市为成都、海口和南昌。这三个城市污染排放和人类发展改进率为零，资源消耗改进率较高。因此这类城市应首先降低单位产出的资源投入，实现可持续发展最优。

污染排放改进城市有长春和郑州。此两个城市则应主要考虑引进先进技术减少单位产出的污染排放。

降低资源消耗为主，减少污染排放为辅城市有昆明、西安、哈尔滨、重庆和福州。这些城市在物质消耗和污染排放两个维度上均具有较大改进空间，尤其应把降低单位产出的资源消耗作为首要任务。

8.2.2　Ⅱ区城市改进路径

Ⅱ区城市资源消耗指数、污染排放指数与人类发展指数初始值、改进量与改进率详见表8－3。

表8－3　　Ⅱ区城市资源消耗指数、污染排放指数及人类发展指数

城市	资源消耗指数			污染排放指数			人类发展指数			改进方向
	原值	改进量	改进率	原值	改进量	改进率	原值	改进量	改进率	
北京	0.453	0.000	0.0%	0.233	0.000	0.0%	0.860	0.000	0.0%	相对最优
沈阳	0.361	0.000	0.0%	0.387	0.000	0.0%	0.854	0.000	0.0%	

续 表

城市	资源消耗指数			污染排放指数			人类发展指数			改进方向
	原值	改进量	改进率	原值	改进量	改进率	原值	改进量	改进率	
长沙	0.453	0.099	21.8%	0.258	0.000	0.0%	0.817	0.000	0.0%	节约消耗
青岛	0.327	0.000	0.0%	0.363	0.040	11.0%	0.822	0.000	0.0%	减少排放
天津	0.398	0.000	0.0%	0.351	0.087	24.8%	0.841	0.000	0.0%	
济南	0.439	0.107	24.3%	0.282	0.014	5.1%	0.811	0.000	0.0%	节约消耗为主 减少排放为辅
杭州	0.453	0.052	11.5%	0.342	0.095	27.6%	0.839	0.000	0.0%	减少排放为主 节约消耗为辅

Ⅱ区城市可持续发展改进路径上选择“优化”路径，实现Ⅱ区城市在其不断追求高质量发展的改进路径上选择不断优化，追求各城市最佳生态投入产出效率。Ⅱ区各城市整体呈现着低投入高产出的发展特征，基于对Ⅱ区城市效率改进方向可以发现，Ⅱ区城市分为相对最优；资源消耗改进；污染排放改进；资源消耗为主，污染排放为辅改进；污染排放为主，资源消耗为辅改进。

相对最优城市为北京、沈阳。这两个城市已实现相对发展最优，且已处于可持续发展状态，这类城市应继续追求不断优化的高质量发展，成为其他非有效城市改进的参考标杆。

资源消耗改进城市为长沙。长沙的污染排放和人类发展改进率均为零，但资源消耗改进率高达 21.8%，因此应重点降低其资源消耗实现长沙有效发展。

污染排放改进城市包括青岛和天津。这两个城市为实现有效发展需要首先引进新技术或使用绿色能源减少污染排放。

降低资源消耗为主，减少污染排放为辅城市为济南。济南在物质消耗和污染排放上均具有较大优化空间，尤其应发展循环技术，资源综合利用技术，降低资源消耗。

减少污染排放为主，节约资源消耗为辅的城市为杭州。杭州在物质消耗和污染排放上也均具有较大优化空间，但应首先减少污染排放实现其有效发展。

8.2.3 Ⅲ区城市改进路径

Ⅲ区城市资源消耗指数、污染排放指数与人类发展指数初始值、改进量与改进率详见表 8-4。

表 8-4 Ⅲ区城市资源消耗指数、污染排放指数及人类发展指数

城市	资源消耗指数			污染排放指数			人类发展指数			改进方向
	原值	改进量	改进率	原值	改进量	改进率	原值	改进量	改进率	
广州	0.671	0.000	0.0%	0.324	0.000	0.0%	0.869	0.000	0.0%	相对最优

续　表

城市	资源消耗指数			污染排放指数			人类发展指数			改进方向
	原值	改进量	改进率	原值	改进量	改进率	原值	改进量	改进率	
宁波	0.365	0.001	0.3%	0.548	0.289	52.8%	0.823	0.000	0.0%	减少排放
大连	0.365	0.000	0.0%	0.560	0.242	43.2%	0.839	0.000	0.0%	
武汉	0.619	0.217	35.0%	0.351	0.104	29.6%	0.839	0.000	0.0%	节约消耗为主减少排放为辅
深圳	0.729	0.297	40.7%	0.361	0.122	33.8%	0.851	0.000	0.0%	
南京	0.739	0.288	39.0%	0.469	0.236	50.2%	0.859	0.000	0.0%	减少排放为主节约消耗为辅
上海	0.590	0.166	28.1%	0.376	0.135	35.9%	0.848	0.000	0.0%	
厦门	0.574	0.167	29.0%	0.362	0.116	32.1%	0.841	0.000	0.0%	

Ⅲ区城市可持续发展路径上选择“提质”路径，实现Ⅲ区城市改进达到发展前沿面以后，继续沿发展前沿面运动到Ⅱ区，从而实现Ⅲ区城市的可持续发展。Ⅲ区各城市呈现高投入高产出的发展特征，基于其效率改进方向Ⅲ区城市分为相对最优；污染排放改进；资源消耗为主，污染排放为辅改进；污染排放为主，资源消耗为辅改进。

相对最优城市为广州。广州相对于Ⅲ区其他城市，已经实现投入产出发展效率最优，下一步需要通过提质沿可持续发展前沿面到Ⅱ区实现广州的可持续发展。

污染排放改进城市为宁波和大连。这两个城市的人类发展已实现高水平发展，资源消耗改进率极低，而污染排放改进率分别高达52.8%、43.2%。因此这类城市主要需要减少污染排放。

节约资源消耗为主，减少污染排放为辅的城市为武汉、深圳。这两个城市在资源消耗和污染排放两个方面均需要改进，尤其应以降低资源消耗为首要任务实现物质消耗减量化。

减少污染排放为主，节约资源消耗为辅的城市有南京、上海和厦门。这类城市与节约资源消耗为主，减少污染排放为辅城市相似，资源消耗和污染排放均需要改进，不同的是应首先减少各类污染物的排放以实现可持续发展效率最优。

8.2.4　Ⅳ区城市改进路径

Ⅳ区城市资源消耗指数、污染排放指数与人类发展指数初始值、改进量与改进率详见表8-5。

表8-5　　Ⅳ区城市资源消耗指数、污染排放指数及人类发展指数

城市	资源消耗指数			污染排放指数			人类发展指数			改进方向
	原值	改进量	改进率	原值	改进量	改进率	原值	改进量	改进率	
乌鲁木齐	0.712	0.482	67.8%	0.567	0.270	47.7%	0.769	0.000	0.0%	节约消耗为主减少
西宁	0.585	0.386	66.0%	0.680	0.374	55.0%	0.743	0.014	1.9%	

续 表

城市	资源消耗指数			污染排放指数			人类发展指数			改进方向
	原值	改进量	改进率	原值	改进量	改进率	原值	改进量	改进率	
贵阳	0.541	0.331	61.1%	0.432	0.130	30.0%	0.761	0.000	0.0%	排放为辅
南宁	0.485	0.285	58.9%	0.472	0.167	35.3%	0.757	0.000	0.0%	
银川	0.636	0.370	58.2%	0.712	0.425	59.7%	0.784	0.000	0.0%	减少排放为主 节约消耗为辅
呼和浩特	0.574	0.289	50.3%	0.669	0.388	58.0%	0.792	0.000	0.0%	
太原	0.580	0.274	47.3%	0.615	0.340	55.2%	0.800	0.000	0.0%	

Ⅳ区城市可持续发展路径上选择“提质＋扩容”路径，该区域城市一方面需要降低城市的资源消耗和污染排放总量，另一方面要提高人类发展水平，从而实现Ⅳ区城市的可持续发展。Ⅳ区各城市呈现高投入低产出的发展特征，各城市在35个城市中排名均相对落后，基于其效率改进方向，Ⅳ区城市改进方向主要包括降低资源消耗为主，减少污染排放为辅改进和减少污染排放为主，节约资源消耗为辅改进两种类型。

降低资源消耗为主，减少污染排放为辅城市有乌鲁木齐、西宁、贵阳、南宁和兰州。这五个城市需要大幅度的减少资源消耗和降低污染物的排放，但更迫切需要通过降低资源消耗实现发展效率最优。

减少污染排放为主，降低资源消耗为辅城市有银川、呼和浩特和太原。这三个城市在资源消耗和污染排放两个维度上也均具有极大的改进空间，区别在于这三个城市更应该加强排放治理，优化产业结构，降低污染排放，最终实现各城市的可持续发展。

下　篇

专　题　篇

9 长三角 16 个城市能源福利绩效研究

9.1 能源福利绩效相关研究与内涵界定

9.1.1 能源福利绩效相关研究

城市发展与能源投入息息相关，能源消耗的数量与效率对居民的生活质量有着重要的影响。以研究竞争力闻名的美国哈佛大学教授波特(2012)认为，数量导向型的增长模式通常只能获得短期的领先地位，而不断提高要素和资源的生产率，才是赢得长期竞争优势的关键所在。在能源消耗规模既定前提下，提高能源利用效率是改善经济社会福利水平的关键途径。

在已有的文献中，多数学者仍然囿于传统的新古典经济学范式，将经济产出视为福利的替代变量，围绕能源生产率或能源强度等指标来研究能源使用效率。而现实情况是，更多的财富往往没有带来更大的幸福，这就是所谓的“伊斯特林悖论”或“幸福悖论”。Max-Neef(1995)提出的“福利门槛”假说则认为经济增长和福利增加之间为倒“U”形曲线关系，即经济增长只是在一定的范围之内对生活质量和福利水平的提高有所贡献，超过这个范围之后，更多的经济增长有可能使生活质量和福利水平开始下降。这一假说得到了诸多国内外证据的支持(诸大建，孟维华，徐萍，2008；Lawn，Clarke，2010)。

有鉴于此，近年来陆续有学者尝试将能源与福利结合起来对能源利用效率进行研究。Mazur(2011)对全球 21 个发达国家 1980—2006 年人均能源消耗与生活质量的关系进行了研究，发现能源消耗的增加并没有带来生活质量同等幅度的提高。魏一鸣等(2014)构建了能源贫困指标，该指标综合考虑了能源服务可获得性、能源消费清洁性、能源管理完备性、生活用能可支付性和高效性，在此基础上分析了能源贫困对居民健康的影响。Jorgenson 等(2014)构建了一个福利能源强度指标(EIWB)，其数值等于人均能源消耗与预期寿命之比。在此基础上运用纵向分析技术分析了 12 个中、东欧国家 1992—2010 年经济增长对福利能源强度的影响。研究发现两变量之间的关系在各国呈现不同的特征，但总体的趋势是经济发展将逐渐降低福利能源强度。而 Sweidant 和 Alwaked(2016)通过考察海湾阿拉伯国家合作委员会 1995—2012 年经济发展对福利能源强度的影响，发现经济发展与福利能源强度之间为正相关关系。可见，对不同样本不同时间段进行分析所得出来的结果也不同。

9.1.2 能源福利绩效内涵界定

根据 20 世纪 90 年代崛起的生态经济学理论(强可持续性理论)，生态资本是经济社会发展的根本手段，福利水平或者生活质量是经济社会发展的终极目标，而经济增长则兼具中间手段与中间目标的双重属性。能源资源是经济社会发展中极为重要的生态资本，对能源利用效率的理解，需要突破新古典经济学的樊篱，在已有研究文献的基础上深化两个层面的认识：第一，相对于能源强度而言，能源生产率指标能够直观地反映投入与产出的关系，且侧重于事前控制，更具有治本性特征；第二，总体福利包括经济性福利和非经济性福利，忽略非经济性福利有悖于可持续发展的宗旨。

由此可见，能源福利绩效(Wellbeing Performance of Energy Consumption, WPEC)是契合生态经济学理论本质的能源利用效率概念，其确切内涵是指单位能源投入的经济社会福利产出。能源福利绩效概念既与传统的劳动生产率、资本生产率等概念一脉相承，又富有变革性地反映了一个事实：当前全球以及中国经济社会发展已经由生态资本相对富裕的“空”的世界转向生态资本相对不足的“满”的世界，能源资源的稀缺对于福利提升的刚性约束作用日益凸显。

长三角地区作为中国经济实力最强、开放程度最高、创新氛围最浓、吸纳外来人口和资金最多的区域之一，是“一带一路”与长江经济带的重要交汇区，在国家现代化建设和新一轮全方位开放格局中具有举足轻重的战略地位。对长三角城市的能源福利绩效进行评估并在此基础上深入分析各城市之间的绩效贡献差异，可以为该地区城市绿色转型发展提供有针对性的政策建议。

9.2 长三角 16 个城市能源福利绩效排名与解读

9.2.1 能源福利绩效评估模型

由于能源福利绩效等于单位能源投入的经济社会福利产出，又因为经济增长在生态资本与社会福利之间发挥着转换器的功能，由此可以将能源福利绩效表示成能源经济绩效(Economic Performance of Energy Consumption, EPEC)与经济福利绩效(Wellbeing Performance of Economic Growth, WPEG)两个分项指数的乘积。其中，能源经济绩效等于经济增长与能源消耗之比，经济福利绩效等于福利水平与经济增长之比。因此，能源福利绩效的基础评估模型可用公式(9.1)表达：

$$\text{能源福利绩效} = \frac{\text{福利水平}}{\text{能源消耗}} = \frac{\text{经济增长}}{\text{能源消耗}} \times \frac{\text{福利水平}}{\text{经济增长}} \tag{9.1}$$

评估模型中涉及福利水平、经济增长与能源消耗三个基础变量。本专题拟选择 HDI 作为福利水平的测度指标。考虑到 HDI 是一个人均意义上的无量纲化福利指标，为提高测量的科学性、规范性与匹配性，分别选择人均能源消耗(Energy Consumption Per Capita,

ECPC)和人均 GDP(GDP Per Capita, GDPPC)作为能源消耗、经济增长的测量指标,在此基础上对两个指标进行无量纲化处理,得到能源消耗指数(Energy Consumption Index, ECI)和经济增长指数(Economic Growth Index, EGI)。经过标准化之后的能源福利绩效评估模型转变为:

$$WPEC = \frac{HDI}{ECI} = \frac{EGI}{ECI} \times \frac{HDI}{EGI} = EPEC \times WPEG \tag{9.2}$$

式(9.2)中,$WPEC = HDI/ECI$、$EPEC = EGI/ECI$ 和 $WPEG = HDI/EGI$ 分别代表能源福利绩效、能源经济绩效和经济福利绩效;HDI、EGI、ECI 分别代表人类发展指数、经济增长指数和能源消耗指数。经济增长指数 EGI 与联合国开发计划署 2015 年全球人类发展报告中的收入分指数计算方法一致,即 EGI = (LN(GDPPC)) − LN(100))/(LN(75 000) −LN(100)),GDPPC 单位为 2011 年购买力平价国际元,2011 年人民币与 PPP 的换算系数为 3.505 5,即 PPP 1 \$ = ¥3.505 5 元;能源消耗指数 ECI 的标准化方法参照联合国开发计划署的计算公式,指数值=(实际值−极小值)/(极大值−极小值),ECI=(LN(ECPC)−LN(0.14))/(LN(12.53)−LN(0.14)),其中,极小值 0.14t、极大值 12.53t 分别为 2014 年海口、银川的人均能源消费量(吨标准煤)。

9.2.2 能源福利绩效排名

根据式(9.2)的能源福利绩效评估模型,即能源福利绩效等于人类发展指数除以能源消耗指数,基于 2015 年长三角地区 16 城市统计年鉴数据计算得到 2015 年各城市的能源福利绩效,绩效排名如表 9-1 所示。

表 9-1 长三角 16 个城市能源福利绩效及排名

城市	能源消耗指数	人类发展指数	能源福利绩效	排名
南通	0.580	0.801	1.380	1
绍兴	0.614	0.824	1.343	2
台州	0.614	0.771	1.255	3
嘉兴	0.672	0.798	1.188	4
常州	0.712	0.823	1.156	5
扬州	0.698	0.804	1.151	6
泰州	0.685	0.785	1.146	7
镇江	0.736	0.813	1.104	8
上海	0.776	0.848	1.093	9
宁波	0.757	0.822	1.086	10

续 表

城市	能源消耗指数	人类发展指数	能源福利绩效	排名
杭州	0.794	0.839	1.056	11
无锡	0.826	0.846	1.023	12
湖州	0.782	0.793	1.014	13
苏州	0.855	0.858	1.003	14
南京	0.836	0.830	0.993	15
舟山	0.957	0.806	0.842	16

从表 9－1 可以看出，南通在长三角地区城市中，以最低的能源消耗（能源消耗指数为 0.580）和相对较高的人类发展水平（人类发展指数为 0.801）取得了最高的能源福利绩效，能源福利绩效值达到 1.380。绍兴以较低的能源消耗（能源消耗指数为 0.614）和较高的人类发展水平（人类发展指数为 0.824）达到了较高的能源福利绩效，能源福利绩效为 1.343，在长三角城市紧随南通列居第二位。台州与嘉兴具有大体相同的性质，即较低的能源消耗和较低的人类发展水平，二者的能源福利绩效分别排名第 3 位和第 4 位。特别值得注意的是，上海、杭州、南京等经济中心城市的能源福利绩效，在长三角城市中处在相对靠后的位置，分别排名第 9 位、第 11 位和第 15 位，主要原因在于这三个城市的能源消耗都处于较高水平，尤其是南京，其人均能源消耗达到 5.99t，在长三角城市中仅次于舟山和苏州。而工业重镇无锡与苏州则分别位居第 12 和第 14。舟山则由于畸高的能源消耗，使得其能源福利绩效在长三角城市中排名最后，能源福利绩效仅为 0.842。

9.2.3 能源福利绩效区域分析

按照传统的区位划分方法，将长三角地区划分为苏南、苏中、上海、浙北和浙东五个区域，将 16 个长三角城市进行归类，如表 9－2 所示。

表 9－2　中国长三角地区区域分布情况

区域	城市	城市个数
苏南	南京、无锡、镇江、常州、苏州	5
苏中	扬州、泰州、南通	3
上海	上海	1
浙北	杭州、嘉兴、湖州	3
浙东	宁波、绍兴、舟山、台州	4

能源福利绩效较低的 8 大城市中，苏南占 3 个（无锡、苏州、南京），上海占 1 个，浙北占 2 个（杭州、湖州）、浙东占 2 个（宁波、舟山）。可见，苏南的能源福利绩效相对最低，无锡、苏州、南京 3 个城市在长三角地区分别排名第 12 位、第 14 位和第 15 位。浙北和浙东的能源福利绩效也处于较低水平，浙北的湖州排名第 13 位，浙东的宁波和舟山分别排名第 10 位和第 16 位。上海作为一个单独划分区域，排名第 9 位，如图 9－1 所示。

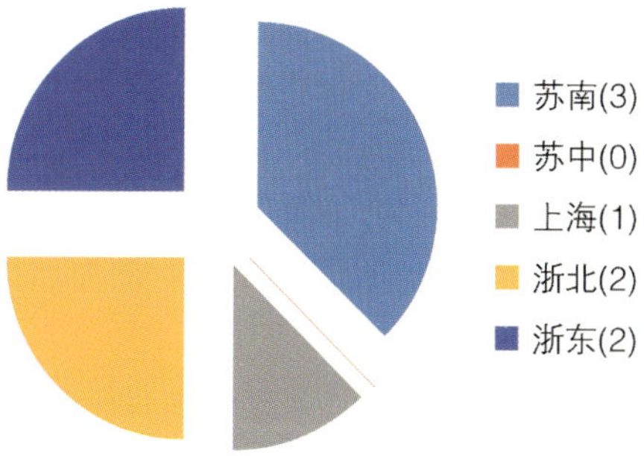

图 9－1　WPEC 较低的 8 大城市区域

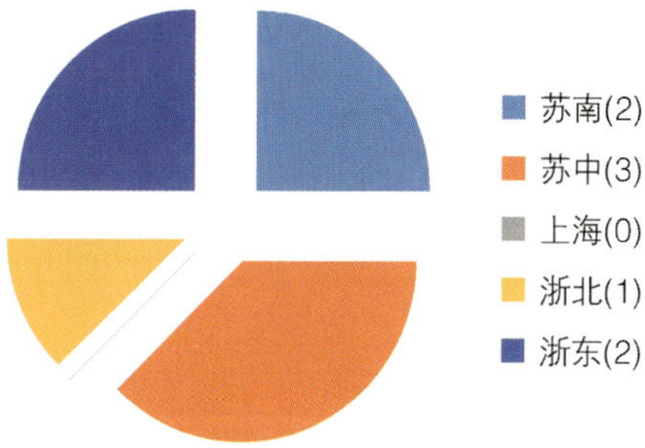

图 9－2　WPEC 较高的 8 大城市区域

能源福利绩效较高的 8 大城市中，苏南占 2 个席位（常州、镇江），苏中占 3 个（南通、扬州、泰州），浙北占 1 个（嘉兴）、浙东占 2 个（绍兴、台州）。常州、镇江的能源福利绩效分别在长三角地区分别排名第 5 位和第 8 位，南通、扬州、泰州 3 个城市分别排第 1 位、第 6 位和第 7 位，浙北的嘉兴排第 4 位，浙东的 2 个城市绍兴和台州分别排名第 2 位和第 3 位，如图 9－2 所示。

9.3　长三角 16 个城市能源福利绩效分项指数排名与解读

由于能源福利绩效可以表示成能源经济绩效与经济福利绩效两个分项指数的乘积，通过对二者的排名情况进行分析，可以更为有效地考察能源福利绩效的特征。

9.3.1　能源经济绩效排名

能源经济绩效是指单位能源消耗所带来的经济产出，本质上属于资源生产率的范畴，根据评估模型公式（9.2）可知，其数值等于经济增长指数与能源消耗指数的比值。

表 9－3 和图 9－3 显示，长三角城市能源经济绩效与能源福利绩效排名具有不同的特点。在能源福利绩效排名中，嘉兴位于常州之前，二者的能源福利绩效分别为 1.188 和 1.156，而在能源经济绩效排名中，常州位于嘉兴之前，二者的能源经济绩效分别为 1.208 和 1.201。上海的能源福利绩效高于宁波，而能源经济绩效低于宁波。在能源福利绩效排名中，湖州位列苏州与南京之前，而在能源经济绩效的排名中，湖州位列苏州与南京之后。苏州与南京的人均能源消耗、人均 GDP 和人类发展指数都高于湖州，但是从差异幅度来看，人均 GDP 差异最大，人类发展指数差异居中，人均能源消耗差异最小。

表 9－3　长三角 16 个城市能源经济绩效及排名

城市	能源消耗指数	经济增长指数	能源经济绩效	排名
南通	0.580	0.815	1.405	1
绍兴	0.614	0.831	1.354	2
台州	0.614	0.767	1.249	3
常州	0.712	0.861	1.208	4
嘉兴	0.672	0.807	1.201	5
扬州	0.698	0.825	1.182	6
泰州	0.685	0.806	1.177	7
镇江	0.736	0.858	1.165	8
宁波	0.757	0.851	1.124	9
上海	0.776	0.850	1.096	10
杭州	0.794	0.860	1.082	11
无锡	0.826	0.889	1.076	12
苏州	0.855	0.894	1.045	13
南京	0.836	0.865	1.035	14
湖州	0.782	0.793	1.014	15
舟山	0.957	0.836	0.873	16

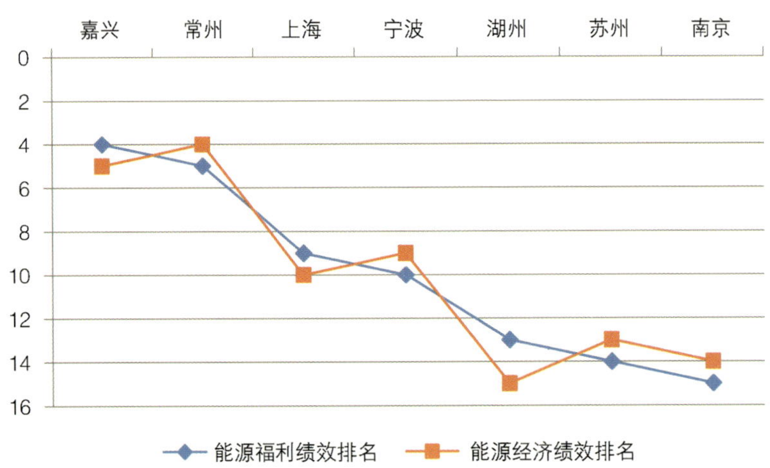

图 9－3　能源福利绩效与能源经济绩效排名差异

9.3.2 经济福利绩效排名

经济福利绩效是指单位经济 GDP 的福利产出，体现的是人造资本转化为经济社会总体福利的能力，根据评估模型公式(9.2)可知，其数值等于人类发展指数与经济增长指数之比。长三角 16 个城市的经济福利绩效如表 9-4 和图 9-4 所示。

表 9-4 长三角 16 个城市经济福利绩效及排名

城市	经济增长指数	人类发展指数	经济福利绩效	排名
台州	0.767	0.771	1.005	1
湖州	0.793	0.793	1.000	2
上海	0.850	0.848	0.998	3
绍兴	0.831	0.824	0.992	4
嘉兴	0.807	0.798	0.989	5
南通	0.815	0.801	0.982	6
杭州	0.860	0.839	0.976	7
扬州	0.825	0.804	0.974	8
泰州	0.806	0.785	0.974	9
宁波	0.851	0.822	0.966	10
舟山	0.836	0.806	0.965	11
苏州	0.894	0.858	0.960	12
南京	0.865	0.830	0.959	13
常州	0.861	0.823	0.957	14
无锡	0.889	0.846	0.951	15
镇江	0.858	0.813	0.948	16

从表 9-4 和图 9-4 可以看出，相对于能源福利绩效和能源经济绩效的排名，经济福利绩效排名呈现出很大的差异。台州和湖州的经济福利绩效分别列居长三角地区第 1 位和第 2 位，两个城市的共同点是经济增长指数和人类发展指数均处于较低水平。上海以较高的经济增长指数和人类发展指数，取得较高的经济福利绩效(0.998)，紧随湖州位居第 3 位，而在能源福利绩效和能源经济绩效的排名中，上海分别列居第 9 位和第 10 位。南通在能源福利绩效和能源经济绩效的排名中，均高居榜首，在经济福利绩效排序中则退居第 6 位。舟山

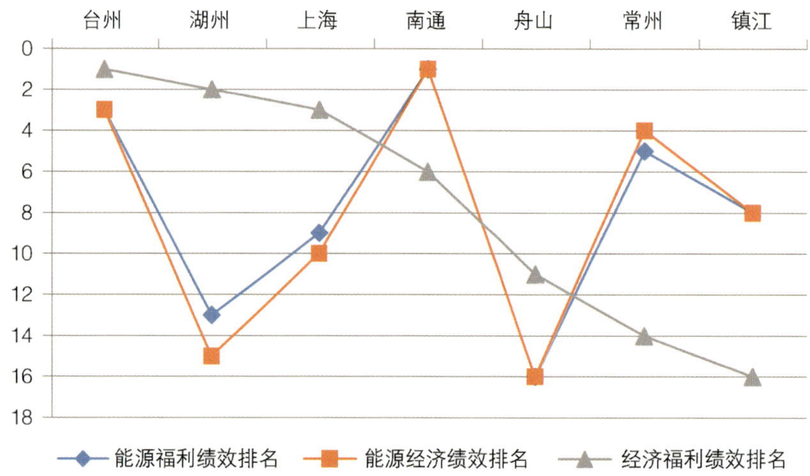

图 9-4　长三角 16 个城市能源福利绩效及其分项指数排名差异

在能源福利绩效和能源经济绩效的排名中，均处于倒数第 1 位，而在经济福利绩效排序中则提前到第 11 位。差异较大的城市还有镇江，在能源福利绩效和能源经济绩效的排名中，均处于第 8 位，而在经济福利绩效排名中却处于最后位置。

9.3.3　能源福利绩效分指数矩阵分析

以能源福利绩效的两个分指数能源经济绩效（EPEC）和经济福利绩效（WPEG）作为基础，将长三角地区划分为 4 类区域：第Ⅰ类为低 EPEC 低 WPEG 区域、第Ⅱ类为高 EPEC 低 WPEG 区域、第Ⅲ类为高 EPEC 高 WPEG 区域、第Ⅳ类为低 EPEC 高 WPEG 区域。两个维度的分界值分别为 16 个城市的平均值，能源经济绩效均值为 1.143，经济福利绩效均值为 0.975。从表 9-5 和图 9-5 可以看出，属于第Ⅰ类区域的城市有 5 个：宁波、无锡、苏州、南京和舟山。属于第Ⅱ类区域的城市有 4 个：扬州、泰州、常州和镇江。属于第Ⅲ类区域的城市有 4 个：南通、绍兴、台州和嘉兴，由于在两个维度上的得分都高于均值，这四个城市的能源福利绩效依次列居长三角地区前 4 强。属于第Ⅳ类区域的城市有 3 个：湖州、上海和杭州。

表 9-5　长三角 16 个城市能源福利绩效分项指数二维分类

象限区域	特征	城市
Ⅰ	低 EPEC 低 WPEG	宁波、无锡、苏州、南京、舟山
Ⅱ	高 EPEC 低 WPEG	扬州、泰州、常州、镇江
Ⅲ	高 EPEC 高 WPEG	南通、绍兴、台州、嘉兴
Ⅳ	低 EPEC 高 WPEG	湖州、上海、杭州

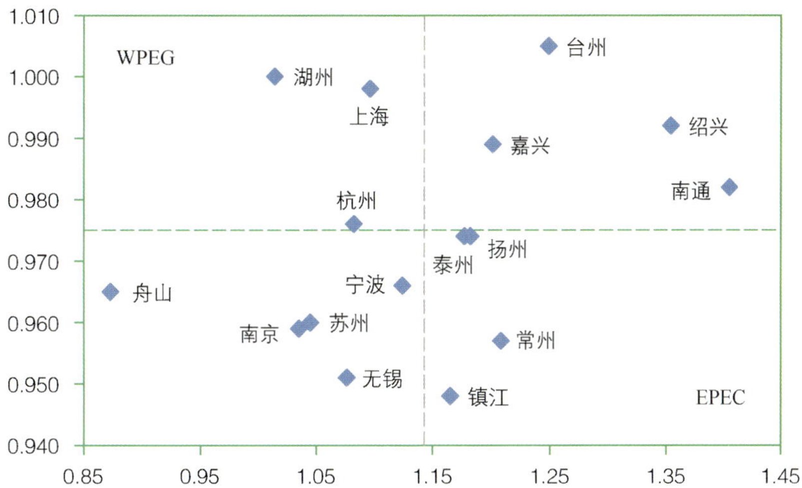

图 9－5　长三角 16 个城市能源经济绩效(EPEC)与经济福利绩效(WPEG)

9.4　长三角 16 个城市能源福利绩效贡献测度与分析

9.4.1　能源福利绩效贡献分解模型

指数分解法广泛应用于能源消费以及环境的影响效应研究。本书采用指数分解法中的对数迪氏指数分解法(Logarithmic Mean Divisia Index，LMDI)对能源福利绩效的总体差异效应进行因素分解分析。根据 LMDI 模型，设定各城市与基准城市的能源福利绩效差异为总效应贡献 $WPEC_{effect}$，由能源经济绩效变化对总效应所产生的影响称为技术效应贡献 TEI_{effect}，而由经济福利绩效对总效应所产生的影响称为服务效应贡献 SEI_{effect}，总效应贡献等于技术效应贡献与服务效应贡献之和，各效应贡献值的计算方法为：

$$WPEC_{effect}^{i}=WPEC_{i}-WPEC_{0}=TEI_{effect}^{i}+SEI_{effect}^{i} \tag{9.3}$$

$$TEI_{effect}^{i}=\frac{WPEC_{i}-WPEC_{0}}{\mathrm{LN}(WPEC_{i})-\mathrm{LN}(WPEC_{0})}\times \mathrm{LN}\left(\frac{EPEC_{i}}{EPEC_{0}}\right) \tag{9.4}$$

$$SEI_{effect}^{i}=\frac{WPEC_{i}-WPEC_{0}}{\mathrm{LN}(WPEC_{i})-\mathrm{LN}(WPEC_{0})}\times \mathrm{LN}\left(\frac{WPEG_{i}}{WPEG_{0}}\right) \tag{9.5}$$

式(9.3)—式(9.5)中，上下标 i 代表第 i 个城市，下标 0 代表基准城市；$WPEC$、$EPEC$ 和 $WPEG$ 分别为能源福利绩效、能源经济绩效和经济福利绩效；$WPEC_{effect}^{i}$，TEI_{effect}^{i}，SEI_{effect}^{i} 分别代表第 i 个城市的能源福利绩效总效应贡献、技术效应贡献和服务效应贡献。

9.4.2　能源福利绩效贡献分解分析

根据能源福利绩效排名可知，在长三角 16 个城市中，舟山的能源福利绩效最低(0.842)，由此，选取舟山作为基准参照城市，对各城市的能源福利绩效总效应贡献进行分解分析，计算结果如表 9－6 所示。

表 9－6　　长三角 16 个城市能源福利绩效贡献分解及排名

城市	总效应贡献		技术效应贡献		服务效应贡献	
	数值	排名	数值	排名	数值	排名
南通	0.538	1	0.518	1	0.020	6
绍兴	0.501	2	0.471	2	0.030	4
台州	0.413	3	0.371	3	0.042	1
嘉兴	0.345	4	0.321	4	0.025	5
常州	0.314	5	0.321	5	−0.008	13
扬州	0.308	6	0.299	6	0.009	8
泰州	0.304	7	0.294	7	0.009	9
镇江	0.262	8	0.279	8	−0.017	15
上海	0.251	9	0.219	10	0.033	2
宁波	0.244	10	0.242	9	0.001	10
杭州	0.214	11	0.203	11	0.011	7
无锡	0.181	12	0.194	12	−0.013	14
湖州	0.171	13	0.138	15	0.033	3
苏州	0.161	14	0.165	13	−0.004	11
南京	0.150	15	0.155	14	−0.005	12

从表 9－6 可以看出，各城市的总效应与技术效应贡献排名顺序大体相似，但服务效应贡献排名与前两者的差异程度非常显著。这表明能源经济绩效变化对能源福利绩效的总数应贡献具有主导作用，而能源福利绩效的排名先后则主要取决于能源经济绩效的排名次序。

表 9－7 进一步显示，长三角城市技术效应贡献率，即技术效应贡献占能源福利绩效总效应贡献的比重均在 80％以上，其中无锡的技术效应贡献率高达 107.33％。而服务贡献率，即服务效应占能源福利绩效总效应贡献的比重均在 20％以下，其中无锡的服务效应贡献率低至-7.33％。可见在长三角地区，相对于经济福利绩效而言，能源经济绩效对能源福利绩效具有决定性的影响。

表 9－7　　长三角 16 个城市能源福利绩效效应贡献率

城市	技术效应贡献率(％)	服务效应贡献率(％)	合计(％)
南通	96.35	3.65	100
绍兴	94.08	5.92	100

续　表

城市	技术效应贡献率(%)	服务效应贡献率(%)	合计(%)
台州	89.78	10.22	100
嘉兴	92.79	7.21	100
常州	102.50	−2.50	100
扬州	96.95	3.05	100
泰州	96.88	3.12	100
镇江	106.49	−6.49	100
上海	87.02	12.98	100
宁波	99.49	0.51	100
杭州	94.98	5.02	100
无锡	107.33	−7.33	100
湖州	80.67	19.33	100
苏州	102.76	−2.76	100
南京	103.43	−3.43	100

9.4.3　经济增长对能源福利绩效的贡献分析

根据贡献分解结果可知，相对于能源经济绩效而言，当前经济福利绩效对长三角城市能源福利绩效的影响较弱，说明长三角城市的经济增长对福利增长的贡献能力较低。从图9-6可以看出，长三角地区经济增长指数与能源福利绩效之间已存在微弱的负相关关系，具体

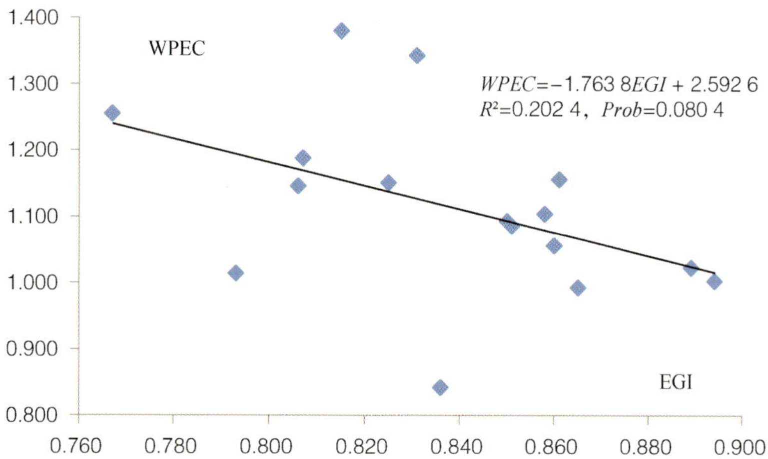

图 9-6　经济增长对能源福利绩效的影响

来说，分别将经济增长指数、能源福利绩效设定为自变量、因变量，进行线性回归，回归方程的拟合优度只有0.202 4，回归系数为−1.763 8，显著水平仅达到0.080 4。由此可见，将经济增长视为能源福利绩效的主要驱动力很有可能偏离城市可持续发展的轨道。

9.5 结论与政策建议

9.5.1 主要研究结论

本书构建了能源福利绩效及其分项因子指数指标，评估了长三角16个城市的能源使用效率。在此基础上运用LMDI分解模型，对能源福利绩效总效应贡献进行分解，并进一步分析了经济增长对能源福利绩效的影响，得到以下主要结论。

(1) 南通、绍兴、台州、嘉兴的能源福利绩效列居长三角地区的前4强，而上海、杭州以及南京等经济发达城市的能源福利绩效却排在相对靠后的位置。从区域分析来看，苏中的能源福利绩效占据优势，而苏南则处于相对弱势。

(2) 能源福利绩效、能源经济绩效、经济福利绩效三个指标的排名特征不同，其中经济福利绩效指标与前两者的排名差异显著。按照能源经济绩效(EPEC)和经济福利绩效(WPEG)二维矩阵分类，南通、绍兴、台州和嘉兴属于高EPEC高WPEG区域。

(3) 能源福利绩效贡献分解结果显示，技术效应贡献占据总效应贡献的优势地位，表明当前能源经济绩效是长三角城市能源福利绩效的主要驱动因素。然而线性回归方程表明，经济增长指数与能源福利绩效之间呈现微弱的负相关关系。

9.5.2 能源福利绩效视阈下的长三角16个城市可持续发展建议

(1) 长三角城市发展需要实现由技术主导模式向服务主导模式转型。技术效率的改进往往伴随着反弹效应，即局部节约资源和减少排放及污染的努力被尾随而来的消耗总量增加所淹没。例如燃油效率的提高被汽车的消费扩张所抵消，家电效率的提高被家电使用数量的扩张所抵消。长三角城市能源消耗量普遍偏高，很大程度上都来源于反弹效应的作用。因此需要在继续提升技术效率的同时，重点致力于理念与制度的创新，倡行共享经济模式，实现由占有型社会向使用型社会转型，提高能源资本与人造资本的服务能力。

(2) 长三角城市发展需要摒弃传统的“GDP主义”思维。长三角城市经济增长指数与能源福利绩效之间的非稳健弱相关关系，表明以经济增长来推动能源福利绩效提高的做法并不能起到预期的效果。当物质财富在满足基本生活需求之后，更多的经济增长未必能继续促进福利的提高。长三角地区大多数城市经济发展水平已经较高，因此有必要摒弃“以GDP论英雄”的惯性思维，形成以创新驱动发展的新常态。

(3) 长三角城市发展需要实现福利水平与能源消耗脱钩，换言之就是要使福利最大化，能源消耗最小化。在长三角16个城市的分布图中加入人类发展水平HDI = 0.800和城市能源消耗指数均值ECI = 0.743两条分界线，将坐标系划分为四个区域类型。第Ⅰ类为低ECI低HDI区域、第Ⅱ类为低ECI高HDI区域、第Ⅲ类为高ECI高HDI区域、第Ⅳ类为

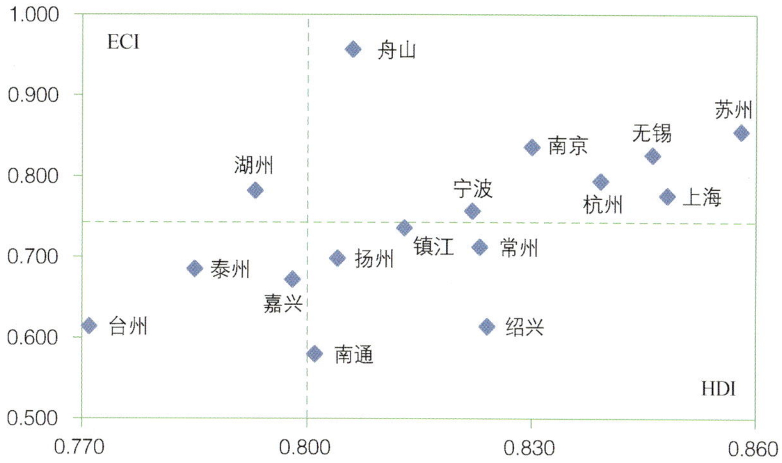

图 9－7　长三角 16 个城市能源消耗指数与人类发展指数二维分类

高 ECI 低 HDI 区域，如图 9－7 所示。

针对每一区域城市的不同特点，给出具有针对性的可持续发展政策建议，长三角城市可持续发展的模式选择情况如表 9－8 所示。

表 9－8　　长三角 16 个城市可持续发展模式和路径选择

区域	发展模式	城市
Ⅰ	C 模式(扩容)	泰州、嘉兴、台州
Ⅱ	S 模式(优化)	南通、扬州、镇江、常州、绍兴
Ⅲ	B 模式(提质)	宁波、上海、南京、苏州、舟山、无锡、杭州
Ⅳ	D 模式(提质＋扩容)	湖州

属于第Ⅰ类区域的城市有泰州、嘉兴和台州，该类城市目前处于低能耗低福利状态，可以在提高能源福利绩效的前提下，适当增加能源消费，通过精明增长，使人类发展速度超过能源消费增长速度，即通过人类发展水平与能源消耗相对脱钩的城市发展 C 模式，实现扩容发展。

第Ⅱ类区域中的城市包括南通、扬州、镇江、常州、绍兴 5 个城市，其经济发展的阶段特征为低能耗高福利，用较低的能源资源代价达到了较高的人类发展水平，符合可持续发展的本质要求。该类区域的城市应选择稳态发展的 S 模式，在能源消费不变甚至减少的情况下进一步提高人类发展水平，实现持续优化。

第Ⅲ类区域中的城市包括上海、南京以及杭州等 7 个城市，其人类发展虽然已达到较高水平，但是以较高的能源投入为代价的。因此需要通过减增长(Degrowth)途径，大幅降低能源消耗，通过升级能源结构，改进清洁技术等措施，提高能源福利绩效。类似于美国、加拿大等高能耗发达国家，这类城市应选择人类发展与能源消耗绝对脱钩的 B 模式，进行提质发展。

第Ⅳ类区域中的城市正处于高能耗低福利发展状态，属于典型的不可持续发展类型。

该类城市的经济发展质量最低，需要大幅减少能源消耗和提高人类发展水平，唯有通过技术、理念和制度上的系统变革和创新，才能打破经济、社会、生态低质发展的僵局；通过选择提质和扩容双轮驱动的D模式，实现跨越式发展。

10 居民生活能源消费与碳排放研究

10.1 研究意义及研究核算方法

10.1.1 研究意义

联合国政府间气候变化专门委员会(IPCC)第五次评估报告明确指出,大气中二氧化碳浓度已经达到过去80万年以来的最高水平,温室气体排放已经成为20世纪中期以来气候变暖的主要原因。因此,控制二氧化碳的排放是缓解全球气候变暖的关键。目前,碳减排已成为国际社会关注的焦点,大部分国家都意识到要寻求低碳发展道路。我国也多次在重要会议、报告中将低碳发展放在重要位置,并在努力寻找减少碳排放的方法和措施。

工业、能源供应业、交通运输业等一直是全球碳排放的主要部门,然而,近年来的一些研究、报告显示,与居民生活消费相关的能源消耗大幅度增长,甚至已经超过了产业部门所消耗的能源量,成为二氧化碳排放的又一主要增长点。以美国和欧盟25国的情况为例,1949年美国能源总消费中,居民生活能耗、交通用能和工业能耗分别占比17.5%、25%和46%,到2013年,居民生活用能、交通用能和工业用能比重变为21.7%、27.7%和32.3%;1990年欧盟25国的终端能源消费中,居民生活用能和交通用能比重为52.7%,工业用能为32.8%,到2011年,前者比重增至57.8%,后者将为25.9%(中国家庭能源消费报告,2015)。可见,居民生活能源消费产生的碳排放已经在很大程度上影响着全球气候。因此,从居民生活能源消费出发,研究居民生活能源消费产生的碳排放具有重要的意义。通过对居民生活能源消费产生的碳排放的研究,可以提升碳减排政策的科学性、针对性和可操作性,对促进经济社会的低碳发展具有积极意义。

10.1.2 研究对象

本书主要从城市层面出发,研究居民生活能源消费的碳排放状况。首先通过京津沪渝四个直辖市的居民生活能源消费研究其碳排放特征。京津沪渝作为中国最具代表性的四大城市，在产业结构、地理位置、人口数量、居民收入、生活水平等方面都存在明显差异。将四个城市进行分析比较，可以了解中国直辖市之间居民生活能源消费、碳排放情况的差异，更全面细致地了解中国的城市居民生活能源消费碳排放特征。其次，为从全球化视角了解我国城市居民消费碳排放状况，我们选择国际化程度高的上海与美国纽约进行对比分析。

在中国统计年鉴的指标解释中，城市居民生活能源消费是指一个城市的居民家庭在一定时间消费的各种能源的总和，包括：原煤、原油、天然气、水能、核能、风能、太阳能、地热能、生物质能等一次能源；一次能源通过加工转换产生的洗煤、焦炭、煤气、电力、热力、成品油等二次能源和同时产生的其他产品；其他化石能源、可再生能源和新能源。西方学者Linden，Carlsson-Kayama 和 Eriksson 在研究中将家庭能源使用行为细分为取暖和照明、清洁（包括洗衣机使用等）、餐饮（包括烧水、做饭；微波炉、烤箱、洗碗机等的使用）和娱乐（包括计算机、电视、音响等的使用）。国内学者张馨等在研究居民生活能源消费时，将能源消费行为分为直接消费行为和间接消费行为，直接消费行为包括照明、炊事、娱乐、取暖制冷、清洁卫生、交通；间接消费行为包括食品、衣着、家庭设备用品及服务、教育文化娱乐、医疗保健、交通通信、居住、杂项商品与服务。综合上述内容，并在考虑数据可获得性的基础上，本专题研究中的城市居民生活能源消费主要是指一个城市中的居民在取暖、照明、清洁、餐饮和娱乐等生活活动中需要并直接消耗的包括原煤、原油、煤气、电力等在内的能源总和。

10.1.3 研究核算方法

目前，针对碳排放核算的最常见方法主要有碳排放系数法和投入产出表法。碳排放系数法是基于能源消耗量和碳排放系数进行的一种相对简便实用的方法，多用于直接能源消费的研究；投入产出表法是基于投入产出序列表研究消费品载能碳排放的主流方法，多用于间接能源消费的研究。

本书研究从研究对象及数据特征考虑选取碳排放系数法，计算公式如下：CO_2 排放 $= \sum$（化石燃料消费量$_i$ $\times$ CO_2 排放因子$_i$），其中，i 表示能源品种，CO_2 排放因子表示燃烧一单位 i 能源所排放的二氧化碳折算系数量。通过统计消费的不同种类的能源同各能源碳排放系数乘积之和来确定最终的碳排放量。

10.1.4 数据选取及来源

本书主要涉及京津沪渝四个国内城市和纽约，主要选取的数据包括基本指标数据、居民生活各能源消费指标数据及 CO_2 排放因子，其中基本指标指的是常住人口数量、城市面积、人口密度、城镇化率、人均可支配收入等。居民生活能源消费指标是各个城市居民生活能源的终端消费，不包括能源加工转换损失量和能源损失量。

国内基本指标数据主要源于《北京统计年鉴》（2001—2014）、《天津统计年鉴》（2001—2014）、《上海统计年鉴》（2001—2014）、《重庆统计年鉴》（2001—2014），各城市生活能源消费数据主要源于《中国能源统计年鉴》中的各地区能源平衡表。CO_2 排放因子的数据主要源于世界资源研究所(WRI)的《能源消耗引起的温室气体排放计算工具指南(2.1 版)》,其中电力的排放因子选用国家发改委发布的区域电网排放因子。

纽约的居民生活能源消费数据主要源于美国能源信息署(https://www.eia.gov)官方网站上的居民部门能源消费估计表、终端能源消费估计表,人口方面的数据主要来源于美国普查局(http://www.census.gov)官方网站上的美国国家、区域、州的年人口估计表。CO_2排放因子的数据源于《2006 年 IPCC 国家温室气体清单指南》。

10.2 京津沪渝居民生活能源消费及其碳排放分析

10.2.1 北京

北京作为全国政治中心、文化中心、国际交往中心和科技创新中心,聚集了大量的人口,2014 年末已有超过 2 150 万的常住人口,属超大城市。2014 年北京共创造了 21 330.8 亿元的生产总值,其中第二产业占 21.21%,第三产业占比 77.95%,人均可支配收入达 40 689 元(表 10－1)。

表 10－1　　北京市基本指标数据

年份	常住人口(万人)	城市面积(平方公里)	人口密度(人/平方公里)	城镇化率(%)	人均可支配收入(元)
2001	1 385.1	16 807.8	824	78.06	10 194.77
2002	1 423.2	16 807.8	847	78.56	11 052.04
2003	1 456.4	16 807.8	867	79.05	12 335.27
2004	1 492.7	16 410.54	910	79.53	13 905.19
2005	1 538	16 410.54	937	83.62	16 049.02
2006	1 601	16 410.54	976	84.33	18 198.75
2007	1 676	16 410.54	1 021	84.50	20 062.20
2008	1 771	16 410.54	1 079	84.90	22 614.49
2009	1 860	16 410.54	1 133	85.01	24 525.99
2010	1 961.9	16 410.54	1 196	85.96	26 852.74
2011	2 018.6	16 410.54	1 230	86.23	30 401.96
2012	2 069.3	16 410.54	1 261	86.20	33 709.61
2013	2 114.8	16 410.54	1 289	86.30	37 309.48
2014	2 151.6	16 410.54	1 311	86.40	40 689.17

根据北京市居民生活中各种能源消费量(表10-2)及对应的能源碳排放因子,可以计算出居民生活能源消费二氧化碳排放总量(本书提到的二氧化碳排放总量均为居民生活能源消费产生的二氧化碳,下文不再重复说明),并在基本指标数据的基础上,计算人均居民生活碳排放等相关指标,结果见表10-3,图10-1,图10-2。

表10-2　北京市居民生活能源消费量

年份	原煤(万吨)	型煤(万吨)	焦炉煤气(亿立方米)	汽油(万吨)	柴油(万吨)	液化石油气(万吨)	天然气(亿立方米)	热力(万百万千焦)	电力(亿千瓦小时)
2001	284.60	3.40	0.95	38.50	5.53	17.99	2.57	1 269.87	53.94
2002	219.00		0.70	52.00	5.57	22.82	3.39	1 555.49	62.60
2003	268.60	1.73	0.65	65.00	6.50	29.05	4.09	1 400.48	70.29
2004	244.97	2.14	0.38	77.77	7.00	32.73	4.85	1 810.25	80.54
2005	232.57	0.93	0.34	103.40	6.00	31.55	5.66	1 991.28	88.92
2006	266.64		0.16	130.00	3.41	23.90	8.40	2 078.90	95.87
2007	277.00			163.21		27.57	8.98	2 127.34	106.68
2008	255.83			193.52	0.32	22.02	9.16	2 399.64	116.30
2009	273.55			214.80	0.50	22.72	9.85	2 640.00	128.80
2010	278.79			230.00	0.64	21.51	10.15	2 851.00	139.33
2011	279.63			243.49	0.77	21.20	10.49	2 910.00	144.74
2012	272.23			260.27	0.56	19.10	11.54	3 401.00	161.83
2013	308.98			275.99	0.14	20.70	11.94	3 742.00	157.04
2014	293.45			284.27	0.11	23.48	12.71	4 022.00	169.26

表10-3　北京市居民生活能源消费碳排放指标数据

年份	二氧化碳排放总量(万吨)	二氧化碳排放年增长(万吨)	二氧化碳排放年增长率(%)	人均二氧化碳排放量(吨/人)	人均二氧化碳排放年增长(吨/人)	人均二氧化碳排放年增长率(%)
2001	1 563.884			1.129		
2002	1 625.960	62.076	3.97	1.142	0.013	1.19
2003	1 871.661	245.701	15.11	1.285	0.143	12.49
2004	2 050.041	178.380	9.53	1.373	0.088	6.87
2005	2 222.338	172.297	8.40	1.445	0.072	5.21

续 表

年份	二氧化碳排放总量(万吨)	二氧化碳排放年增长(万吨)	二氧化碳排放年增长率(%)	人均二氧化碳排放量(吨/人)	人均二氧化碳排放年增长(吨/人)	人均二氧化碳排放年增长率(%)
2006	2 479.349	257.011	11.56	1.549	0.104	7.17
2007	2 735.463	256.114	10.33	1.632	0.084	5.39
2008	2 903.093	167.629	6.13	1.639	0.007	0.44
2009	3 042.459	139.367	4.80	1.636	−0.004	−0.21
2010	3 208.074	165.615	5.44	1.635	−0.001	−0.03
2011	3 300.081	92.007	2.87	1.635	0.000	−0.02
2012	3 626.278	326.196	9.88	1.752	0.118	7.19
2013	3 810.419	184.141	5.08	1.802	0.049	2.82
2014	4 040.875	230.456	6.05	1.878	0.076	4.23

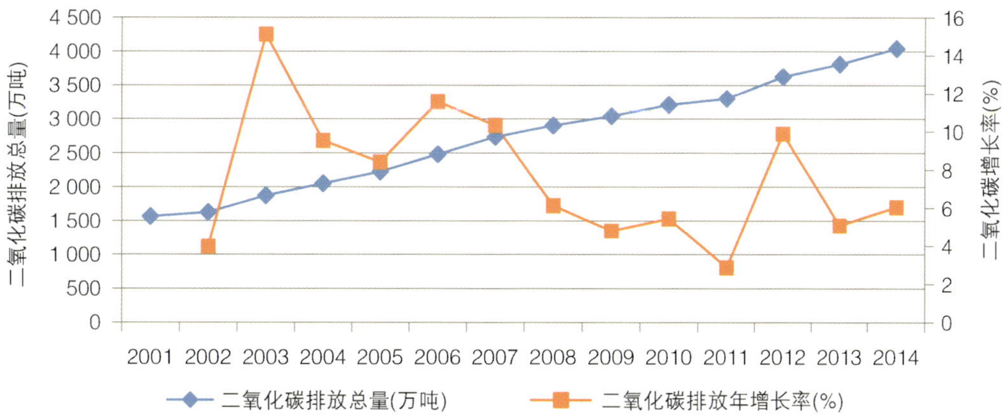

图 10-1 北京市居民生活能源消费 CO_2 排放总量及年增长率

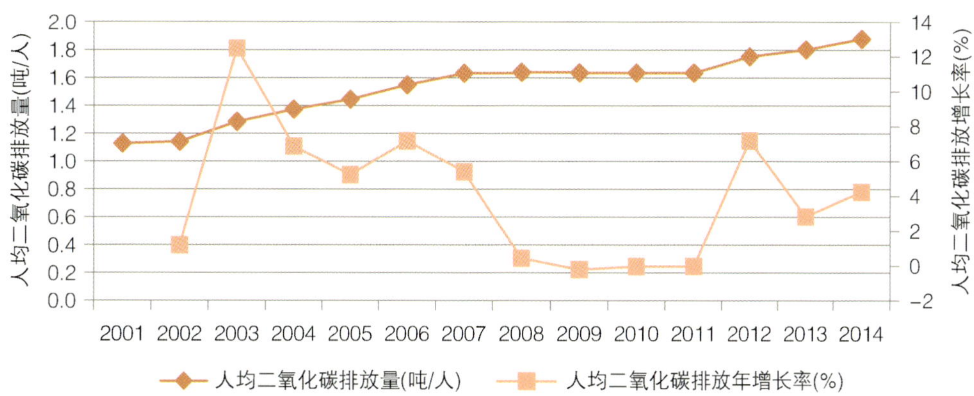

图 10-2 北京市居民生活能源消费人均 CO_2 排放及年增长率

伴随中国经济的快速增长，首都北京各产业发展迅速，居民收入水平不断提升，整体消费水平提高，结果自然会带来更多的碳排放。由图 10－1 可见，北京市居民生活能源消费产生的二氧化碳排放总量在 2001—2014 年间呈现出持续增长的态势，至 2014 年已超过4 000 万吨总量。但从增长率角度看，二氧化碳排放年增长率波动较大，2003 年、2012 年出现了增长率大幅跃升，主要原因在于 2003 年原煤、液化石油气、电力的使用量均出现较大幅度增长，导致碳排放的激增。2012 年的高增长率主要是汽油、热力消费量大幅增加导致，这与汽车使用量增加有一定关系。尽管部分年份出现了增长率跃升，二氧化碳排放增长率总体呈现下降趋势，从 2007 年增长率开始出现下降势头，且下降幅度大。2007 年开始，原煤使用增幅下降，柴油使用减少，带来了二氧化碳排放增加的放缓。从图 10－1 明显可以看到，2003—2007 年间，年增长率几乎保持在 10％以上。而从 2008 年开始，增长率保持在 10％以下，且呈现下降趋势。2008 年 3 月，环境保护部正式成立，提高了环保机构的权威性，开始拟订并组织实施环境保护规则、政策和标准，同时为了实现绿色奥运的承诺，通过全民努力，使北京市的环境质量大有改善。2008—2013 年间，国家加大了对节能环保产业的投资，节能环保产品开始出现，这些举措都对增长率的下降产生了影响。随着近几年不断加重的雾霾威胁，环境关注度不断提升，北京居民的环保意识逐步加强，政府的环保举措也相继推出并产生效果，二氧化碳排放年增长率得到了有效控制。

从图 10－2 显示的北京市居民生活能源消费的人均二氧化碳排放量及年增长率看，2002—2007 年间不论是绝对量还是增长率均出现较大的增长幅度，2008 年增长速度放缓，2012 年又开始出现了小幅上涨，总体趋势与二氧化碳排放总量及年增长率趋势一致。通过比较我们可以发现，人均二氧化碳排放的年增长率幅度要明显小于二氧化碳总量增长率幅度，表现出较好的改善趋势。

10.2.2 天津

天津是北京经济中心、环渤海地区经济中心。2014 年末常住人口达 1 516 万人，属超大城市。2014 年天津共创造 15 726.93 亿元的生产总值，其中工业占比 49.38％，服务业占比 49.34％，工业比重大（表 10－4）。

表 10－4　天津市基本指标数据

年份	常住人口（万人）	城市面积（平方公里）	人口密度（人/平方公里）	城镇化率（％）	人均可支配收入（元）
2001	1 004.06	11 919.7	842.35	72.41	7 818.21
2002	1 007.18	11 919.7	844.97	72.87	8 246.22
2003	1 011.30	11 919.7	848.43	73.45	9 130.93
2004	1 023.67	11 919.7	858.81	74.21	10 192.58
2005	1 043.00	11 919.7	875.02	75.11	11 285.41
2006	1 075.00	11 919.7	901.87	75.73	12 744.12

续 表

年份	常住人口（万人）	城市面积（平方公里）	人口密度（人/平方公里）	城镇化率（%）	人均可支配收入（元）
2007	1 115.00	11 919.7	935.43	76.31	14 555.87
2008	1 176.00	11 917.3	986.80	77.23	17 201.84
2009	1 228.16	11 860.63	1 035.49	78.01	19 043.16
2010	1 299.29	11 916.88	1 090.29	79.60	21 738.11
2011	1 354.58	11 916.85	1 136.69	80.44	23 990.18
2012	1 413.15	11 916.85	1 185.84	81.53	26 664.60
2013	1 472.21	11 916.85	1 235.40	82.00	26 528.51
2014	1 516.81	11 916.85	1 272.83	82.27	28 938.10

根据天津市居民生活中各种能源消费量（表 10－5）及对应的能源碳排放因子，可以计算出居民生活能源消费二氧化碳排放总量，并在基本指标数据的基础上，计算人均居民生活碳排放等相关指标，结果如表 10－6 所示。

表 10－5　　天津市居民生活能源消费量

年份	原煤（万吨）	焦炉煤气（亿立方米）	汽油（万吨）	煤油（万吨）	柴油（万吨）	液化石油气（万吨）	炼厂干气（万吨）	天然气（亿立方米）	其他石油制品（万吨）	热力（万百万千焦）	电力（亿千瓦小时）
2000	99.65	1.25	6.66	0.01	1.08	11.76	0.91	3.03	0.01	3 182.3	24.7
2001	88.2	1.26	7.9		1.6	10.77	0.52	4.58	0.03	3 302.6	26.14
2002	79.87	0.97	7.53		1.88	9.59	0.11	2.86	0.01	3 803.6	29.34
2003	79.87	0.97	12.18		2.68	10.7		2.19		3 983.7	31.73
2004	84.27	0.76	18.22		4.22	8.93		2.12		4 340	33.45
2005	88.98	0.74	21.94		5.54	7.13		3.11		4 482	37.96
2006	75.86	0.54	23.79		5.97	7.04		3.16		4 701	43.04
2007	75.48		29.03		14.71	8.08		3.46		5 072	47.5
2008	57.43		44.73	0.02	16	6.65		3.77		5 681.3	53.51
2009	66.97		71.18		18.69	7.34		3.86		6 125	64.61
2010	67.16		92.4		19.06	7.3		4.13		6 614.9	67.41
2011	63.84		106.8		17.6	7.37		4.38		6 911.8	66.37

续 表

年份	原煤（万吨）	焦炉煤气（亿立方米）	汽油（万吨）	煤油（万吨）	柴油（万吨）	液化石油气（万吨）	炼厂干气（万吨）	天然气（亿立方米）	其他石油制品（万吨）	热力（万百万千焦）	电力（亿千瓦小时）
2012	67.6		133.23		18.73	6.66		4.7		7 735	73.69
2013	64.3		124.93		9.86	7.96		4.89		8 361.	75.17
2014	68.49		139.02		9.67	8.81		5.16		8 726.	78.1

表 10－6　　天津市居民生活能源消费碳排放指标数据

年份	二氧化碳排放总量（万吨）	二氧化碳排放年增长（万吨）	二氧化碳排放年增长率（%）	人均二氧化碳排放量（吨/人）	人均二氧化碳排放年增长（吨/人）	人均二氧化碳排放年增长率（%）
2001	1 003.899			1.000		
2002	1 033.536	29.638	2.95	1.026	0.026	2.63
2003	1 084.817	51.280	4.96	1.073	0.047	4.53
2004	1 165.637	80.821	7.45	1.139	0.066	6.15
2005	1 271.757	106.119	9.10	1.219	0.081	7.08
2006	1 332.626	60.869	4.79	1.240	0.020	1.67
2007	1 470.149	137.523	10.32	1.319	0.079	6.36
2008	1 618.930	148.781	10.12	1.377	0.058	4.41
2009	1 829.258	210.328	12.99	1.489	0.113	8.19
2010	1 970.206	140.948	7.71	1.516	0.027	1.81
2011	2 021.832	51.626	2.62	1.493	－0.024	－1.57
2012	2 293.175	271.343	13.42	1.623	0.130	8.72
2013	2 347.941	54.766	2.39	1.595	－0.028	－1.72
2014	2 497.367	149.426	6.36	1.646	0.052	3.24

由图 10－3 可见，天津市居民生活能源消费产生的二氧化碳排放总量在 2001—2014 年间也是呈现出不断增长的态势。这期间，天津居民的人均可支配收入从 7 818 元上升至 28 938元，收入水平的上升直接增加了居民消费，导致能源消费碳排放的明显增加。2009 年前，二氧化碳排放增长率上升趋势明显，而近几年波动幅度较大，大部分年份显示在 7%左右的水平上下浮动，其中，2007—2009、2012 年的年增长率均超过 10%，增长比率大。这主要是由于 2007—2009 年居民生活中汽油、柴油、热力消费出现幅度较大的增长，2012 年热力使

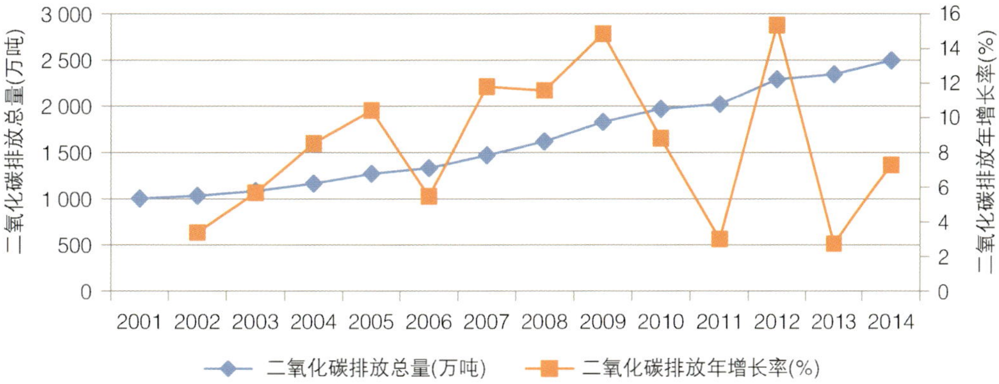

图 10-3 天津市居民生活能源消费 CO_2 排放总量及年增长率

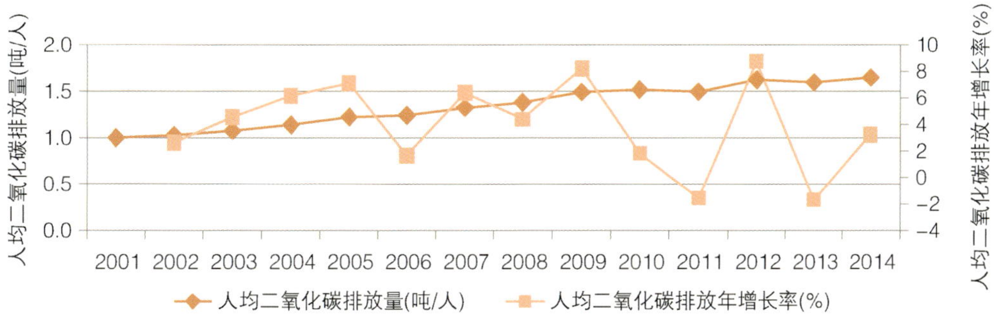

图 10-4 天津市居民生活能源消费人均 CO_2 排放及年增长率

用增加幅度大，带来了碳排放高年增长率，这也与这些年份天气状况有一定的关联。同时，2006 年、2009—2011 年间年增长率的大幅下降，主要是由于原煤使用的大幅减少导致。

图 10-4 显示天津市居民生活能源消费的人均二氧化碳排放及其年增长率情况，可以发现，人均二氧化碳排放与总量二氧化碳排放的趋势、特征等几乎保持一致，天津人口保持了相对稳定的增加，对提高能源使用效率的影响较小。

10.2.3 上海

上海是中国重要的经济、金融、贸易和航运中心。2014 年生产总值为 23 567.70 亿元，其中，工业占比 34.66%，服务业占比 64.82%。常住人口达到 2 425 万人，居民可支配收入达到 44 944 元。基本指标的数据见表 10-7。

表 10-7 上海市基本指标数据

年份	常住人口（万人）	城市面积（平方公里）	人口密度（常住人口为基础）	城镇化率（%）	人均可支配收入（元）
2001	1 614	6 340.5	2 545.541	75.30	11 145.85
2002	1 625	6 340.5	2 562.889	76.40	11 589.03

续 表

年份	常住人口（万人）	城市面积（平方公里）	人口密度（常住人口为基础）	城镇化率（%）	人均可支配收入（元）
2003	1 711	6 340.5	2 698.525	77.60	13 028.18
2004	1 742.15	6 340.5	2 747.654	81.20	14 925.95
2005	1 778.42	6 340.5	2 804.858	84.50	17 048.04
2006	1 815.34	6 340.5	2 863.087	85.80	19 041.39
2007	1 858.08	6 340.5	2 930.494	86.80	21 854.07
2008	1 888.46	6 340.5	2 978.409	87.50	24 763.75
2009	1 921.32	6 340.5	3 030.234	88.60	26 955.40
2010	2 302.66	6 340.5	3 631.669	89.27	29 896.73
2011	2 347.46	6 340.5	3 702.326	89.31	34 029.36
2012	2 380.43	6 340.5	3 754.325	89.33	37 756.63
2013	2 415.15	6 340.5	3 809.084	89.61	41 290.59
2014	2 425.68	6 340.5	3 825.692	89.57	44 944.17

根据上海市居民生活中各种能源消费量（表 10－8）及对应的能源碳排放因子，可以计算出居民生活能源消费二氧化碳排放总量，并在基本指标数据的基础上，计算人均居民生活碳排放等相关指标，结果如表 10－9 所示。

表 10－8　　上海市居民生活能源消费量

年份	原煤（万吨）	焦炉煤气（亿立方米）	其他煤气（亿立方米）	汽油（万吨）	煤油（万吨）	柴油（万吨）	润滑油（万吨）	液化石油气（万吨）	天然气（亿立方米）	其他石油制品	热力（万百万千焦）	电力（亿千瓦小时）
2000	139.49	0.53	15.48	17.71	0.07	9.16		21.14	0.72	6.22	119.58	53.20
2001	118.38	0.22	11.79	19.41	0.01	12.22		20.35	0.81	6.66	134.71	56.99
2002	102.19	0.26	12.43	28.65	0.02	17.18		18.85	1.08	7.50	142.70	61.85
2003	79.71	0.38	13.54	34.14	0.02	12.30		19.33	1.31	7.25	115.46	82.87
2004	90.60		12.23	43.23	0.17	26.87		20.37	1.97	8.92	138.55	90.64
2005	72.82	0.28	11.23	45.40	0.19	26.90		25.32	2.89	15.71	141.45	109.20
2006	65.40	0.25	10.64	60.40	0.01	32.16		28.14	5.32	15.71	13.75	122.37
2007	92.30	0.40	10.30	71.88	0.02	36.40		28.75	4.60	15.71	16.45	131.12

续 表

年份	原煤（万吨）	焦炉煤气（亿立方米）	其他煤气（亿立方米）	汽油（万吨）	煤油（万吨）	柴油（万吨）	润滑油（万吨）	液化石油气（万吨）	天然气（亿立方米）	其他石油制品	热力（万百万千焦）	电力（亿千瓦小时）
2008	54.32		9.64	84.99	0.12	41.15		32.39	5.72	19.20	16.53	146.55
2009	49.78	0.12	7.46	103.68	0.13	50.48		33.99	6.44	24.31	5.74	152.52
2010	46.83		6.29	119.23		41.88	27.53	33.05	7.79		5.71	168.95
2011	43.35		5.38	142.50		42.04	27.31	34.20	8.63		20.36	175.22
2012	41.19		3.91	168.86		42.59	28.13	35.26	9.93			187.38
2013	34.07		2.67	188.21		47.47	25.85	39.03	11.05		0.14	205.04
2014	33.57		1.17	206.98		42.73	26.93	35.06	11.73		0.18	173.89

表 10－9　　上海市居民生活能源消费碳排放指标数据

年份	二氧化碳排放总量（万吨）	二氧化碳排放年增长（万吨）	二氧化碳排放年增长率（%）	人均二氧化碳排放（吨/人）	人均二氧化碳排放年增长（吨/人）	人均二氧化碳排放年增长率(%)
2001	1 097.723			0.680		
2002	1 164.760	67.037	6.11	0.717	0.037	5.39
2003	1 334.131	169.371	14.54	0.780	0.063	8.78
2004	1 509.004	174.873	13.11	0.866	0.086	11.09
2005	1 700.283	191.279	12.68	0.956	0.090	10.38
2006	1 910.374	210.091	12.36	1.052	0.096	10.07
2007	2 077.339	166.965	8.74	1.118	0.066	6.24
2008	2 249.378	172.040	8.28	1.191	0.073	6.54
2009	2 294.273	44.894	2.00	1.194	0.003	0.25
2010	2 465.020	170.747	7.44	1.071	−0.124	−10.35
2011	2 554.540	89.520	3.63	1.088	0.018	1.65
2012	2 725.481	170.941	6.69	1.145	0.057	5.21
2013	2 913.767	188.286	6.91	1.206	0.062	5.37
2014	2 691.456	−222.311	−7.63	1.110	−0.097	−8.03

由图 10－5 可见，同样，上海市居民生活能源消费产生的二氧化碳排放量在 2001—2013

年间也出现了较为快速的增长，例如，2003—2006年间，年增长率几乎都在10%以上，这与该时期上海经济的飞速发展密不可分。但一个明显的特征是，2014年上海市二氧化碳排放总量已开始出现明显下降，这也是近几年上海市大力宣传低碳、绿色、循环的生活方式的效果体现。二氧化碳排放增长率变化趋势明显，与北京、天津不同，上海已呈现出下降趋势。自2007年起，增长率均在10%以下。其中，2003年和2010年增长率出现幅度较大的增长，这主要是由于2003年电力使用较之以往增幅较大，且其碳排放因子大，最终导致了增长率的跃升。2010年汽油、润滑油使用增加带来最终增长率的变动。

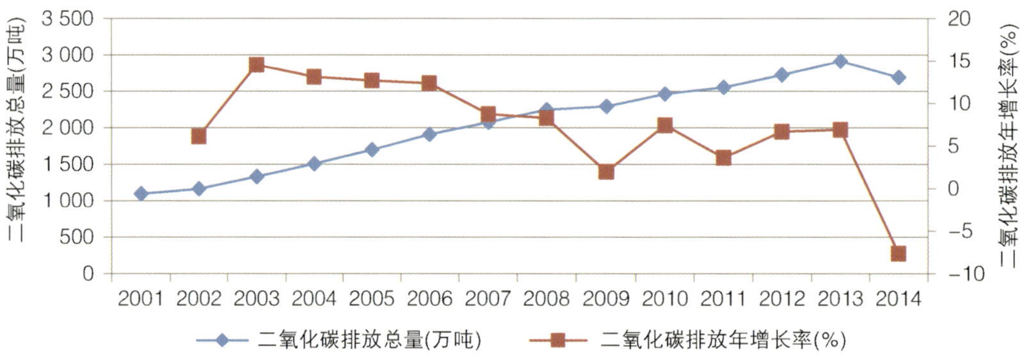

图10-5 上海市居民生活能源消费CO_2排放总量及年增长率

图10-6显示上海市人均二氧化碳排放及其增长率情况，将两图进行对比之后可以发现，除2010年人均出现下降之外，其余年份人均二氧化碳排放情况大体与总量排放情况相似。主要原因在于2010年在二氧化碳排放总量上升的情况下，常住人口出现了更大幅度增长，从而导致人均碳排放的明显下降。

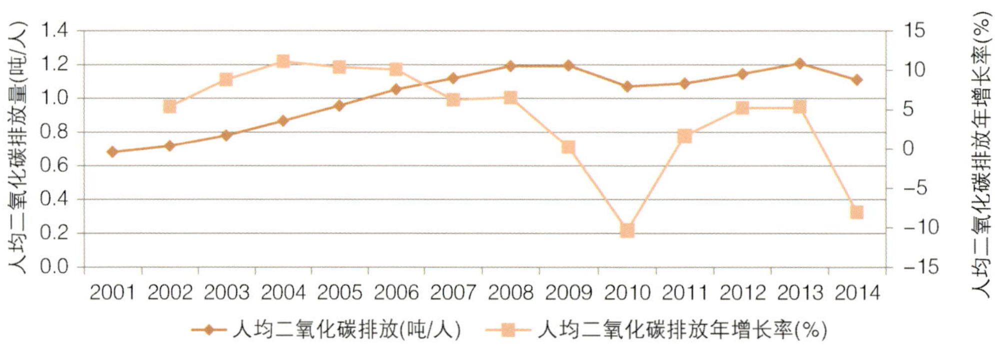

图10-6 上海市居民生活能源消费人均CO_2排放及年增长率

10.2.4 重庆

重庆是中国重要的水、陆、空型综合交通枢纽，西南地区最大的工业城市，是国家实施西部大开发和长江经济带西部地区的新增长极。2014年共创造14 262.60亿元的生产总值，其中，工业占比45.78%，服务业占比46.78%。2014年末常住人口达到2 991万人，人均可支配收入为18 821元。基本指标数据见表10-10。

表 10 - 10　　重庆市基本指标数据

年份	常住人口	城市面积（平方公里）	人口密度（人/平方公里）	城镇化率（%）	人均可支配收入（元）
2001	2 829.21	82 402.95	343.34	37.4	3 692.00
2002	2 814.83	82 402.95	341.59	39.9	4 148.64
2003	2 803.19	82 402.95	340.18	41.9	4 677.90
2004	2 793.32	82 402.95	338.98	43.5	5 429.50
2005	2 798.00	82 402.95	339.55	45.2	6 169.79
2006	2 808.00	82 402.95	340.76	46.7	6 934.82
2007	2 816.00	82 402.95	341.74	48.3	7 895.65
2008	2 839.00	82 402.95	344.53	50	9 246.88
2009	2 859.00	82 402.95	346.95	51.6	10 293.84
2010	2 884.62	82 402.95	350.06	53	11 772.22
2011	2 919.00	82 402.95	354.23	55	14 053.52
2012	2 945.00	82 402.95	357.39	57	16 266.65
2013	2 970.00	82 402.95	360.42	58.3	16 984.40
2014	2 991.40	82 402.95	363.02	59.6	18 821.57

根据重庆市居民生活中各种能源消费量(表 10 - 11)及对应的能源碳排放因子,可以计算出居民生活能源消费二氧化碳排放总量,并在基本指标数据的基础上,计算人均居民生活碳排放等相关指标,结果如表 10 - 12 所示。

表 10 - 11　　重庆市居民生活能源消费量

年份	原煤（万吨）	焦炭（万吨）	汽油（万吨）	煤油（万吨）	柴油（万吨）	液化石油气（万吨）	天然气（亿立方米）	液化天然气（万吨）	电力（亿千瓦小时）	其他能源（万吨标准煤）
2000	150.88		0.96	1.90	2.60		6.50		47.91	
2001	182.14		1.05	1.93	2.66		6.50		51.02	
2002	171.31		1.09	1.93	2.79		6.50		53.12	
2003	171.75		1.11	1.93	2.81		6.50		48.44	
2004	171.80		1.13	1.93	2.80		6.50		53.56	
2005	155.00	0.49	1.24	1.93	2.80		8.00		60.90	

续 表

年份	原煤（万吨）	焦炭（万吨）	汽油（万吨）	煤油（万吨）	柴油（万吨）	液化石油气（万吨）	天然气（亿立方米）	液化天然气（万吨）	电力（亿千瓦小时）	其他能源（万吨标准煤）
2006	155.00	0.50	1.25	1.90	2.80	4.21	8.00		76.47	
2007	150.00	0.60	1.32	1.90	2.81	4.26	8.00		74.99	
2008	172.34	0.68	1.50	2.14	3.23	4.40	8.05		84.99	10.00
2009	173.02		31.28	2.14	5.13	4.69	8.10		94.41	
2010	195.23		34.28	2.24	5.56	5.49	8.20	1.06	98.57	
2011	196.37		42.04	2.46	6.23	6.25	10.12	0.20	119.27	
2012	194.09		48.33	2.62	6.92	7.00	20.55	0.20	123.42	
2013	90.98		54.16	2.57	7.42	7.25	15.77	0.20	140.68	135.50
2014	48.08		64.82	3.27	7.87	9.06	20.11	1.65	136.54	261.44

表 10-12　　重庆市居民生活能源消费碳排放指标数据

年份	二氧化碳排放总量（万吨）	二氧化碳排放年增长（万吨）	二氧化碳排放年增长率（%）	人均二氧化碳排放量（吨/人）	人均二氧化碳排放年增长（吨/人）	人均二氧化碳排放年增长率（%）
2001	1 176.630			0.416		
2002	1 182.783	6.153	0.52	0.420	0.004	1.04
2003	1 123.408	−59.375	−5.02	0.401	−0.019	−4.63
2004	1 189.577	66.169	5.89	0.426	0.025	6.26
2005	1 285.131	95.554	8.03	0.459	0.033	7.85
2006	1 498.990	213.860	16.64	0.534	0.075	16.23
2007	1 470.672	−28.319	−1.89	0.522	−0.012	−2.17
2008	1 666.087	195.415	13.29	0.587	0.065	12.37
2009	1 708.886	42.799	2.57	0.598	0.011	1.85
2010	1 779.983	71.097	4.16	0.617	0.019	3.24
2011	2 005.622	225.639	12.68	0.687	0.070	11.35
2012	2 249.134	243.512	12.14	0.764	0.077	11.15
2013	2 484.907	235.773	10.48	0.837	0.073	9.55
2014	2 839.497	354.590	14.27	0.949	0.113	13.45

由图 10-7 可见，重庆市居民生活能源消费产生的二氧化碳排放总量在 2001—2014 年间上升趋势明显，且幅度较大，特别是 2010 年后增长幅度更是明显提高。其中，2004—2006 年、2008 年出现了增长率跃升，这与期间液化石油气使用开始出现，电力使用增加相关，另外，2008 年原煤使用也出现了大幅增长。在年增长率呈现上升趋势态势下，2007 年、2009 年总量增幅明显放缓，年增长率呈现大幅下降，这主要是原煤、电力使用明显减少所致。重庆作为西南地区最大的工业化城市，是国家实施西部大开发的核心增长极。受经济发展水平等诸多因素的影响，居民生活及消费模式并未发生根本性的改变。目前重庆实施的大部分环境保护举措多集中于工业污染治理等方面，从居民生活消费角度减少污染产生的措施相对较少。这也是在节能减排大背景下，重庆依旧保持着高二氧化碳排放增长率的重要原因。人均二氧化碳排放及其年增长率情况详见图 10-8，变化趋势与总量大体一致，相对总量增长率水平，人均碳排放增长率稍低一些。

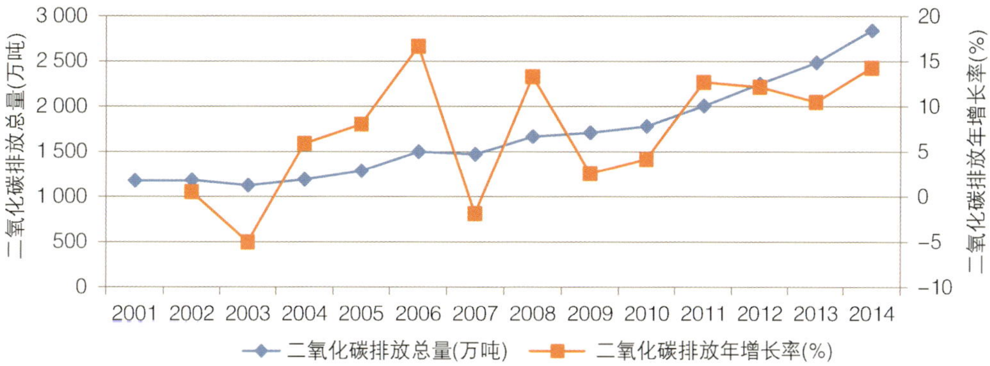

图 10-7　重庆市居民生活能源消费 CO_2 排放总量及年增长率

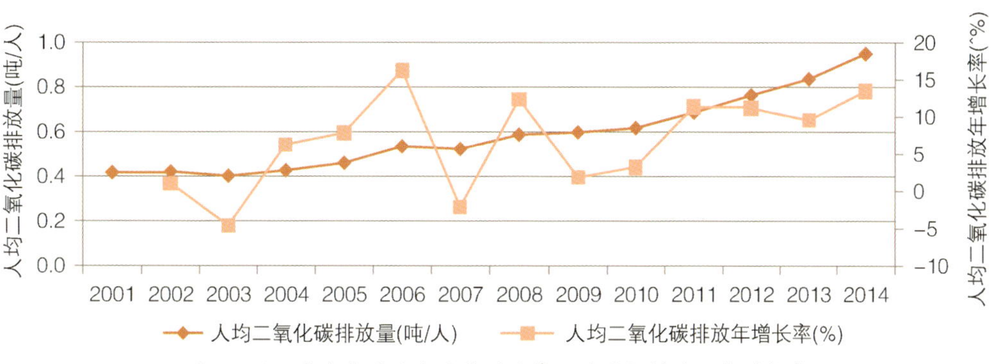

图 10-8　重庆市居民生活能源消费人均 CO_2 排放及年增长率

10.2.5　京津沪渝四大城市居民生活能源消费碳排放对比

将北京、天津、上海、重庆四个城市的居民生活能源消费碳排放情况直接对比分析，可以更加清晰地了解不同城市居民能源消费碳排放特征及其变化趋势。

图 10-9 显示的是四大城市居民生活能源消费二氧化碳排放总量的情况。可见，北京的碳排放总量最多，其次是上海，而重庆和天津碳排放总量排放水平相差不大。

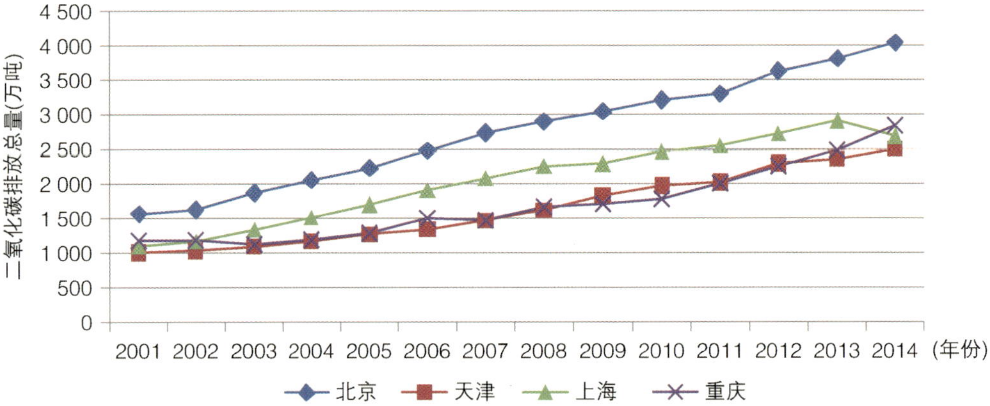

图 10-9　京津沪渝四大城市居民生活能源消费 CO_2 排放总量对比

城市居民生活能源消费碳排放量与人口规模、居民生活水平、经济发展阶段与水平以及消费意识与模式等均有密切的关系。北京和上海人口众多,居民收入水平高,生活能耗绝对量较高,从而产生高总量排放。而天津虽然这几年居民生活水平有所提高,但相较北京、上海依旧存在差距,同时其人口只有北京或者上海的一半,总量排放较少;重庆作为一个人口大市,总量排放低,说明经济发展水平、居民收入情况对排放总量的影响较为明显。事实上,从前述四个城市的基本指标数据中可以看到重庆市的城镇化率是最低的,由于农民收入显著小于城市居民收入,从而导致总体人均可支配收入不高,居民生活水平相对较低。另一方面,农村居民对于能源消费也是普遍低于城市居民的,这也是重庆碳排放总量较低的一个原因。

图 10-10 显示的是四大城市的居民生活能源消费的人均二氧化碳排放的情况,同样,北京依然是最高的,然后分别是天津、上海和重庆。将人均与总量进行对比发现,变化最明显的是上海。总量排放处在较高的位置,而人均排放却处在相对较低的位置。出现这一变化的原因主要在于上海是人口密度最大的城市,从前面各个城市的基本指标数据中我们可以看到,北京和天津的人口密度大约在 1 000 人/平方公里,上海的人口密度达到 3 000 人/平方公里,截至 2014 年,已经达到 3 825 人/平方公里,而重庆在 350 人/平方公里左右。上海的人口

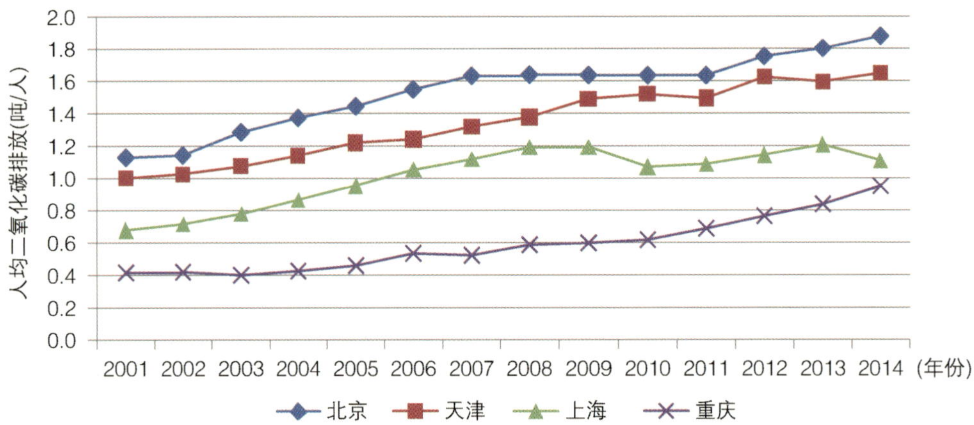

图 10-10　京津沪渝居民生活能源消费人均 CO_2 排放量对比

密度显著高于其他城市,规模效应明显。这可以表现在电网分配的集中,用电用能效率的提升,公共基础设施,公共交通使用效率的提升等诸多方面,这些均可以在一定程度上减少居民自身的能源消耗。

图 10 - 11 显示的是四大城市居民生活能源消费的二氧化碳排放年增长率的对比情况,可以看到四个城市波动都是较大的。北京和上海的走向更接近,差不多处在同增同减的频率上,且在 2009 年之后就较为平稳,增长率很相似,上海增长率下降趋势更加明显。例如,2014 年北京虽增长率减缓,但上海已开始出现负增长。天津的居民生活能源消费的二氧化碳排放年增长率波幅不稳,时增时减,但近两年增长率相对于历史水平有所下降;重庆是四个城市中唯独的在总量排放年增长率上具有上升趋势的城市,且增幅较大。

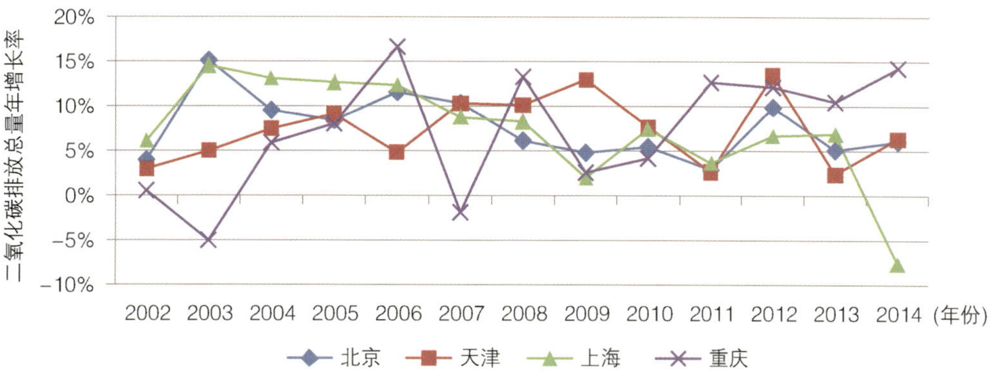

图 10 - 11 京津沪渝四大城市居民生活能源消费 CO_2 排放总量年增长率

10.3 上海与纽约居民生活能源消费及其碳排放的比较分析

为对比我国城市居民生活能源消费碳排放状况与国际水平的差距,本书选择上海与纽约两个城市对比分析。目前,上海已进入全球化城市行列,而美国纽约则是典型全球城市的代表,将两者进行对比可以更有利于了解中国城市居民生活能源消费碳排放水平及其与国际城市之间的差异。同时,上海作为发展中国家的典型城市代表,纽约州则是发达国家的重要区域,两者比较也可以在一定程度上反映发达国家与发展中国家城市居民生活能源消费碳排放的概况。

上海地处太平洋西岸,亚洲大陆东沿,长江三角洲前缘;是我国的直辖市,国家中心城市,辖 16 个市辖区,总面积 6 340 平方公里,人口规模 2 400 万左右,是我国重要的经济、交通、科技、工业、金融、会展与航运中心,是世界上规模和面积最大的都会区之一。2014 年上海 GDP 总量居中国城市第一,亚洲第二。纽约是美国最大都市及第一大港,也是世界第五大都市,位于美国东海岸北部,是美国的中枢神经和经济心脏。作为世界两大都市和经济中心,上海和纽约的发展路径相似,由制造业为核心的港口城市,向以现代服务业为主要驱动力的创意之城转化,同时也都面临着拥堵、污染等类似的问题。因此,从上海和纽约的经济地位、经济发达程度和国际化程度等诸多角度来看,对上海与纽约居民生活能源消费碳排放的对比分析是具有一定现实意义的。

10.3.1 纽约州基础指标数据及居民生活能源消费碳排放分析

据统计，纽约市人口规模只有855.04万人（2015年），土地面积也只有大约789平方公里，由五个区组成。而纽约大都会区人口规模可以达到2 018.23万人（2015年），面积大约17 405平方公里，主要包括纽约市的长岛和哈德逊河谷中游和下游，新泽西的五个最大城市，康涅狄格州的六大城市和宾夕法尼亚州的五个城市。所以从人口规模及面积范围来看，上海与纽约大都会的对比显得更有意义。但由于大都会区域城市居民生活能源消费基础数据无法获取，所以我们只能采用纽约州的数据。纽约州人口规模大约1 979.58万人（2015年），与上海相差不大，但涵盖面积较广，达到141 300平方公里。所以在比较上肯定存在一定误差，但对了解两个区域大致居民生活能源消费的总体状况及自身变化趋势影响不大（表10－13）。

表10－13　纽约州基本指标及碳排放相关指标数据

年份	人口（万人）	二氧化碳排放总量（万吨）	二氧化碳排放年增长（万吨）	二氧化碳排放年增长率（%）	人均二氧化碳排放（吨/人）	人均二氧化碳排放年增长（吨/人）	人均二氧化碳排放年增长率（%）
2001	1 908.898	7 645.519			4.005		
2002	1 916.187	7 544.691	−100.828	−1.32	3.937	−0.068	−1.69
2003	1 923.11	7 965.355	420.665	5.58	4.142	0.205	5.20
2004	1 929.793	7 889.089	−76.266	−0.96	4.088	−0.054	−1.30
2005	1 933.089	8 078.281	189.192	2.40	4.179	0.091	2.22
2006	1 935.656	7 143.016	−935.264	−11.58	3.690	−0.489	−11.69
2007	1 942.278	7 728.313	585.296	8.19	3.979	0.289	7.83
2008	1 946.779	7 582.296	−146.017	−1.89	3.895	−0.084	−2.12
2009	1 954.145	6 840.841	−741.455	−9.78	3.501	−0.394	−10.12
2010	1 940.087	6 848.583	7.742	0.11	3.530	0.029	0.84
2011	1 952.175	6 805.776	−42.808	−0.63	3.486	−0.044	−1.24
2012	1 960.714	6 682.850	−122.925	−1.81	3.408	−0.078	−2.23
2013	1 969.568	6 967.677	284.827	4.26	3.538	0.129	3.79
2014	1 974.623	7 273.322	305.645	4.39	3.683	0.146	4.12

由图10－12可见，纽约州居民生活能源消费产生的二氧化碳排放量在2001—2014年间相对较为稳定，总量大致保持在6 000万～8 000万吨之间，2008—2012年间呈现不断减

少的态势，近两年又有增长的势头。而增长率变化有一定的波动性，多次出现负增长情况。2006年、2008年、2009年出现总量大幅度下降以及年增长率迅速下降的情况。从原始数据来看，这几年几乎所有生活能源的使用都出现了不同程度的减少（表10-14）。2009年燃料油使用明显减少，在碳排放因子较大的情况下，带来了更大幅度的下降。这与经济增长放缓，失业率上升关系密切。在人口平稳增加的同时，二氧化碳没有出现显著增长，说明发达国家居民能源消耗基本比较稳定。图9-13中可以看到纽约州的人均二氧化碳排放波动也

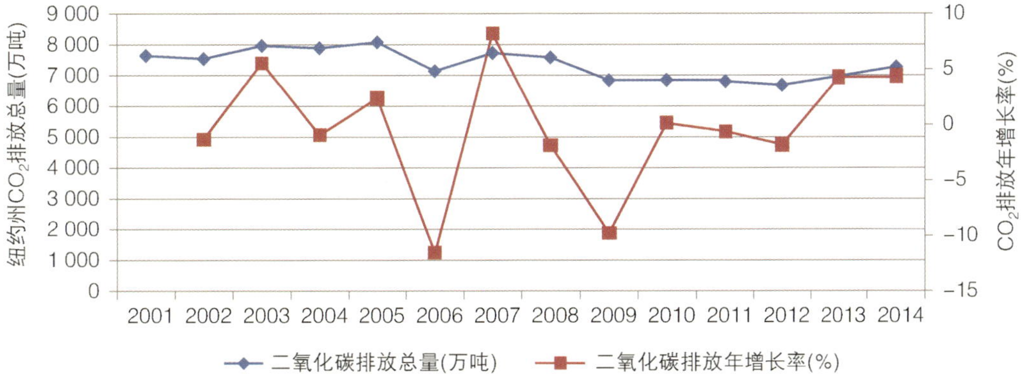

图10-12 纽约州居民生活能源消费CO_2排放总量及年增长率

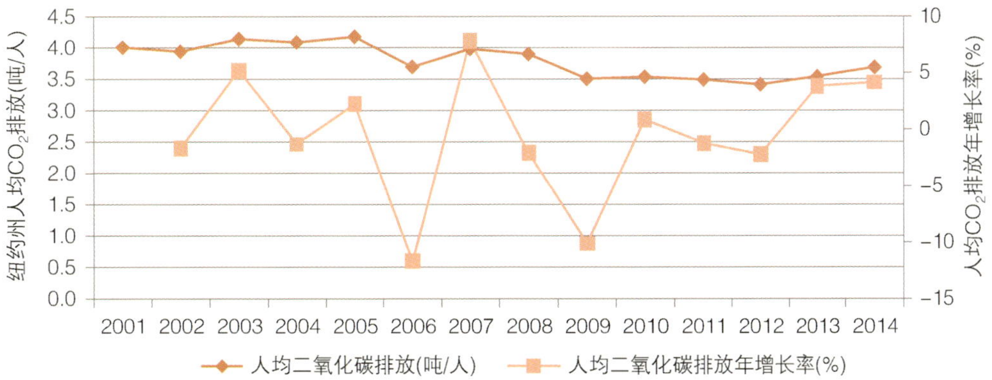

图10-13 纽约州居民生活能源消费人均CO_2排放及年增长率

较为平稳，保持在3.5～5之间，近几年几乎都保持在4吨/人的水平之下，相较历史水平有所降低，总排放量与人均排放量的趋势较为一致。2013年、2014年，随着美国经济的复苏，居民生活能源消费产生的二氧化碳总量及人均排放量又有所回升。

表10-14 纽约州居民生活能源消费量

年份	煤（万吨）	天然气（亿立方米）	燃料油（万吨）	煤油（万吨）	液化石油气（万吨）	木材（万吨）	电力（亿千瓦小时）
2001	0.3	388.8	212.4	13.6	16.5	55.1	150.9
2002	0.1	378.8	191.4	9.3	19.1	55.9	158.5

续 表

年份	煤（万吨）	天然气（亿立方米）	燃料油（万吨）	煤油（万吨）	液化石油气（万吨）	木材（万吨）	电力（亿千瓦小时）
2003	0.3	421	202.9	9.3	18.9	58.9	160.8
2004	0.4	403.5	199.3	11.7	19.6	60.3	161.7
2005	0.3	416.9	203.9	12.5	17.9	50.4	172.4
2006	0.3	364.3	155.5	10.2	15.9	44.7	165.2
2007	0.3	409.9	174.1	7.5	18.3	49.4	171.4
2008	0	402.7	162.6	3.7	22.6	55.2	167.3
2009	0	413.6	120	5.5	22.8	19.3	164.6
2010	0	399.7	114.3	5.7	22.2	16.9	173.8
2011	0	404.3	106.6	4.1	19.5	17.3	174.8
2012	0	369.2	126.7	2.1	17.1	16.1	173
2013	0	430.8	105.1	2.2	19.7	22.3	173.3
2014	0	472.9	113.6	3.8	23.4	22.3	170.5

10.3.2 上海与纽约州居民生活能源消费碳排放情况对比

图 10－14 体现的是上海与纽约州的居民生活能源消费产生的总的二氧化碳对比情况。很明显，纽约州的二氧化碳排放总量要远远大于上海，整个统计区间总量均在 7 000 万吨左右浮动，最低的年份也达到 6 600 多万吨。而上海排放总量最高的 2013 年，仅仅只有 2 900 多万吨。从增长趋势上看，上海虽总量远小于纽约，但一直处在增长的状态，比较区间内平均年增长率达到 7.3％左右。纽约变化不大，基本平稳，平均年增长率为－0.23％

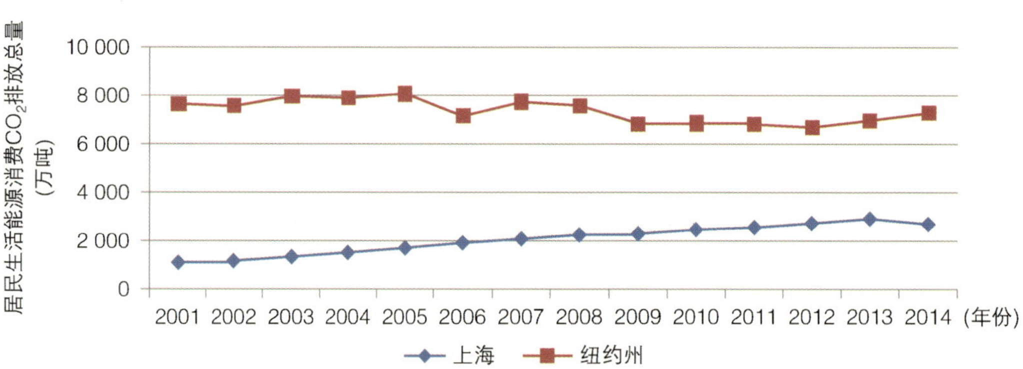

图 10－14　上海与纽约州居民生活能源消费 CO_2 排放总量对比

(图 10－15)。可以预见,随着经济发展水平的提高,上海未来居民生活能源消费碳排放总量水平还将会有较大地增长。

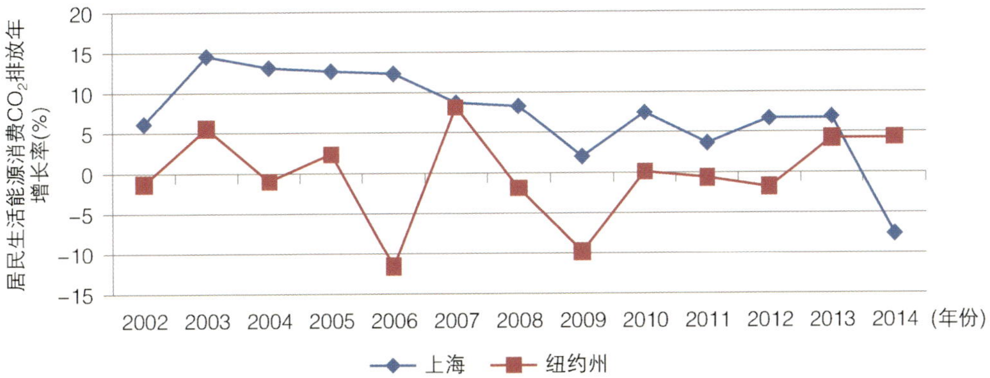

图 10－15 上海与纽约州居民生活能源消费 CO_2 排放年增长率对比

图 10－16 是上海和纽约州居民生活能源消费人均二氧化碳排放的对比情况。在总量水平较高的情况下,纽约人口规模还不及上海,所以纽约州的人均二氧化碳排放量自然远远高于上海,纽约州在 4 吨/人左右浮动,而上海则处在 1.5 吨/人以下的水平。纽约州的人均二氧化碳排放几乎是上海的 2～3 倍。可见,随着人们收入水平的提高,生活质量的改善,上海的人均碳排放量还将会有较大的增加。

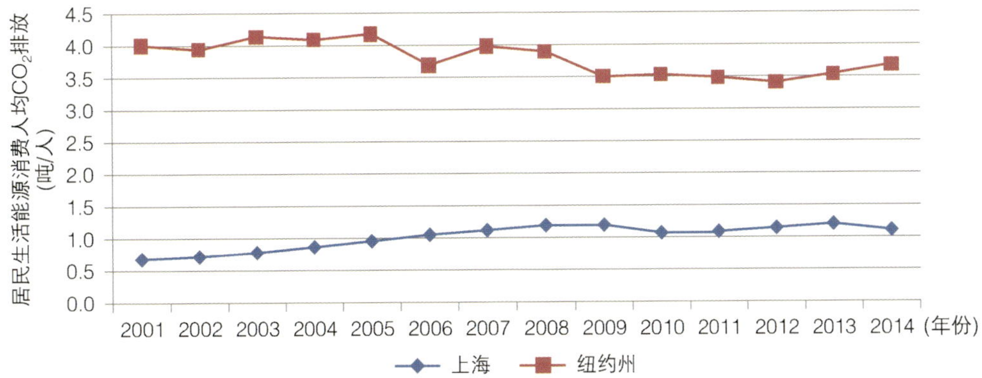

图 10－16 上海与纽约州居民生活能源消费人均 CO_2 排放对比

10.4 结论及政策思路

通过数据对比分析,可以形成如下结论和政策思路。

(1) 居民生活能源消费碳排放比重持续上升

从前述的数据来看,国内城市居民生活能源消费碳排放总量几乎都是处于不断增长的态势,为进一步了解居民生活能源消费碳排放对城市总体碳排放的影响,我们需要核算生活能源消费碳排放与城市能源消费碳排放总量之比,具体结果如表 10－15 所示。

表 10-15　京津沪渝与纽约州居民生活能源消费碳排放与城市能源消费碳排放占比

年份	北京(%)	天津(%)	上海(%)	重庆(%)	纽约州(%)
2001	13.06	12.89	7.83	13.11	28.57
2002	13.19	12.42	7.89	12.21	28.25
2003	14.33	12.30	8.37	13.86	29.03
2004	18.00	11.66	8.49	13.49	27.99
2005	13.32	11.72	8.55	11.34	29.36
2006	15.51	11.08	8.72	12.11	27.52
2007	15.98	10.93	8.75	11.05	28.86
2008	17.13	11.02	9.15	9.71	28.82
2009	18.00	11.65	9.36	9.64	27.54
2010	17.66	10.25	8.89	8.95	27.59
2011	18.75	10.08	9.33	9.42	28.04
2012	19.76	10.50	9.96	10.41	27.85
2013	21.55	10.46	9.84	13.53	28.17
2014	22.00	10.71	9.27	13.39	28.59

从图 10-17 中可以清晰地看到，北京的居民生活能源消费碳排放占城市能源消费碳排放比重持续上升，且增长幅度较大，上海总体上也呈现出占比逐渐上升的态势，但上升幅度不大。重庆相对稳定，近几年增加较快。而天津是在几个城市中较为特殊的，其居民生活排放占比总体呈现下降态势，这主要是第二产业碳排放增加较快导致，但从 2011 年开始也呈现出缓慢上升趋势。纽约州作为全球具有代表性区域，目前居民生活能源消费碳排放占城

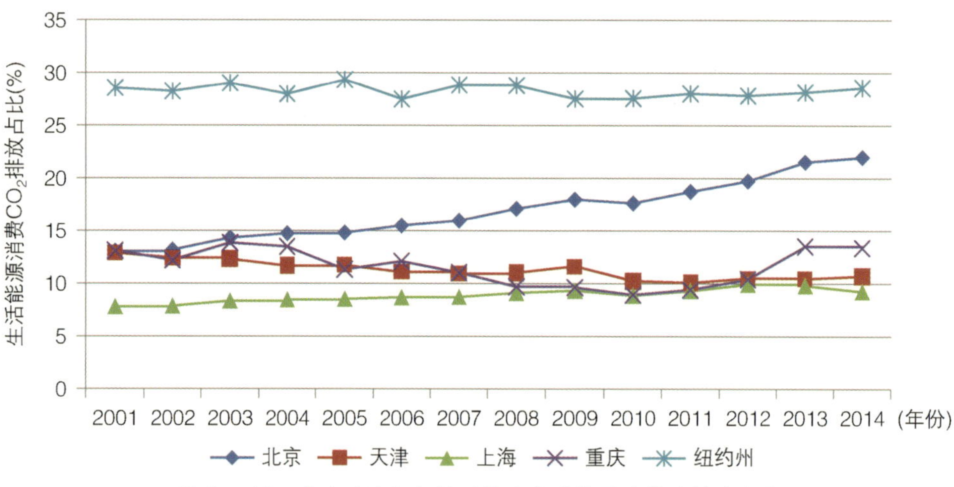

图 10-17　京津沪渝与纽约州居民生活能源消费碳排放占比

市能源消费碳排放比重已经将近30%。可见,对我国城市而言,居民生活能源消费碳排放占比上升是一个事实,也是一种短期内的趋势,这体现了居民生活水平的进一步提升,能源消费的进一步增加。同样,也进一步凸显出居民生活能源消费碳排放研究的重要性。

从政策制定的角度来看,近年来的大部分政策多集中于工业碳排放的控制,随着居民生活碳排放比重的不断增大,基于消费角度的减排政策需要给予更多的关注,如何鼓励居民绿色消费值得进一步研究。

(2) 适度的人口密集度可以减少人均生活能源消费碳排放

京津沪渝居民生活能源消费碳排放对比中可以发现,四大城市之间人均碳排放存在巨大差异。上海的居民生活能源消费碳排放总量虽然排在前列,但人均碳排放却是较小的,这与上海人口密集度较高有一定的关系。

从居民生活能源消费碳排放的角度看,人口过于分散,不太容易形成规模效应,反而带来用电、用能的效率较低,资源浪费等情况。而达到一定的人口规模及密集度可以通过提升公共基础设施及公共交通的使用效率等途径,降低居民生活能源消耗碳排放的总量。

(3) 从居民生活能源消费的角度,发达国家应该承担更多减排责任

作为在中国碳排放总量较多的城市之一的上海,与纽约州的居民生活能源消费碳排放总量对比,差距甚远。而从人均碳排放的情况上看,上海与纽约州的差距更大,纽约州的这一指标是上海的2~3倍。通过伦敦政府网站 London Data Store 数据库中的终端能源消费表和伦敦的人口数据,计算得到另一个国际化大都市伦敦的居民生活能源消耗碳排放的人均量大约在3吨/人的水平,这个数据对比上海也要高出许多。可见,从居民生活能源消费碳排放角度来看,中国城市碳排放水平远远低于国际。从这个角度而言,发达国家应该更加重视消费减排,主动承担更多的碳减排责任。

11 智能化与城市可持续发展实践

11.1 工业化与城市发展阶段分析

英国著名的历史经济学家 Angus Maddison 的分析表明，世界经济发展和工业革命的历史息息相关，全球工业化的发展跟城市的演进也密不可分，其发展可以分为四个阶段，如图 11－1 所示。

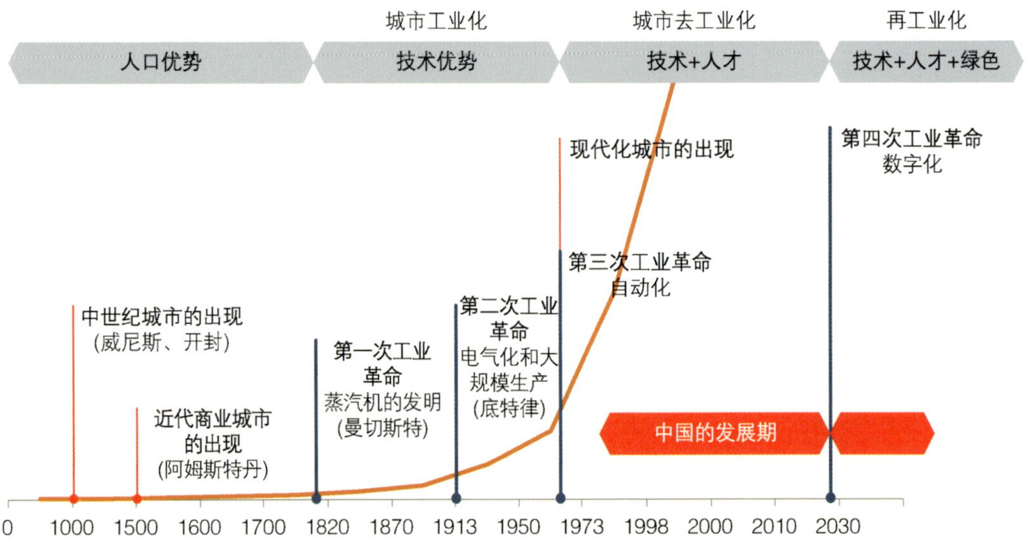

图 11－1　世界工业革命及城市发展①

(1) 初始农业非农化阶段。人类历史上最早的城市出现在公元 1 000 年左右，而真正意义上的商业城市，则是在公元 16 世纪出现的，当时城市的发展主要来自于人口优势。在此期间，全球 GDP 的增长较为平缓，在以农业为基础的全球经济发展中效率进展缓慢。

(2) 城市工业化阶段。18 世纪下半叶，英国出现了第一次工业革命和圈地运动，第一批工业城市开始出现。此后，世界经济开始了迅猛的增长，全球 GDP 的发展也第一次脱离了

① Angus Maddison. The World Economy: A Millennial Perspective [J]. Foreign Affairs, 2010,17:69－78.

人口因素而开始与技术的应用紧密相关。20 世纪初,亨利·福特率先在底特律引入了流水线生产,以电气化和大规模生产为代表的第二次工业革命开始,全球 GDP 的发展又一次得到了飞跃,以技术优势推动经济发展的优势愈发明显。在此期间,城市发展的动力主要来自工业技术的发展。

(3) 城市去工业化阶段。20 世纪五十年代以后,现代化城市的出现,以自动化为代表的第三次工业革命也同时发生,但城市发展逐渐与工业分道扬镳,第三产业成为城市经济增长的最重要动力,技术和人口成为城市发展的最主要动力。然而,前三次工业革命在使人类进入空前繁荣的时代的同时,也造成了巨大的能源、资源消耗,付出了巨大的环境代价、生态成本,急剧地扩大了人与自然之间的矛盾。

(4) 城市再工业化阶段。进入 21 世纪,我们即将迎来以数字化和智能化引领的第四次工业革命,这将极大地改善城市发展的技术优势、人才优势与空间优势(图 11-1)。"工业 4.0"虚拟与现实双胞胎的基本理念客观上要求聚集大量高素质、擅长虚拟制造(负责用工业软件对产品的设计、生产、销售和服务进行虚拟模拟)的人才,而城市无疑是这类人才最佳的载体。因此,未来工业将以全新的面貌再一次回归城市,推动城市的可持续发展。在此过程中,具备更智能基础设施的城市无疑将得到工业 4.0 企业和人才的青睐,因为工业 4.0 的实现需要智能物流、大数据等智能基础设施的支撑,而更宜居的城市(交通便捷、设施完善、绿色生态)也更容易吸引这类高素质人才的汇聚。

11.2 城市可持续发展的重要引擎:智能化

进入 21 世纪以来,城市在全球社会经济的快速发展中起着不可替代的作用。预计到 2030 年,全球 60%的人口将生活在城市中,全球 90%的 GDP 将会由城市创造。因此,21 世纪是城市的世纪,国家经济的实力也取决于城市经济实力的增长。

城市可持续发展的两个半球理论要求未来的城市发展具备更高的城市人类发展水平和更低的城市生态资源消耗。城市智能化是指通过现代通信与信息技术、物联网和感知技术、数字化和自动化技术等方法进一步支持城市各领域的决策过程,以提升城市的管理水平、资源利用效率、环境质量和市民生活的便利程度。对目前大多数的城市而言,城市智能化的核心内容是工业 4.0 和智能基础设施。首先,确保城市经济的健康运行和产业活力是提高城市人类发展水平的一个重要的前提条件。在工业重新回归城市的背景下,工业 4.0 将为企业的生产带来更大的灵活度、更高的效率和更强的市场竞争力,从而提升整个产业集群的发展水平,它将成为城市经济产业健康发展的一个关键抓手,直接影响未来城市的人类发展水平。其次,城市作为资源消耗和污染排放的重要源头,其基础设施的发展程度也决定了城市生态资源的消耗水平。与传统的基础设施相比,整合的智能基础设施(智能能源、智能建筑、智能交通、智能水务和智能防灾等)将为城市提供更为安全、高效、透明的服务,进一步降低对城市资源的消耗和对生态环境的影响。因此,在城市智能化的众多含义中,工业 4.0 以及智能基础设施是城市可持续发展所要求的最为直接和有效的两个关键应用,它们也将作为未来城市可持续发展的核心引擎,帮助城市更好地迎接未来的挑战并持续提高自身的发展竞争力。

11.2.1 工业4.0是城市可持续发展的技术支撑

工业4.0的出现是ICT信息通信技术，包括工业软件、自动化、互联网、通信和物联网等技术发展与工业结合的产物，是互联网经济向更高更深层次推进的体现。同时，工业4.0也满足了客户需求的多样性和快速变化，帮助企业提高竞争力，适应市场变化，其具体优势如图11－2所示。

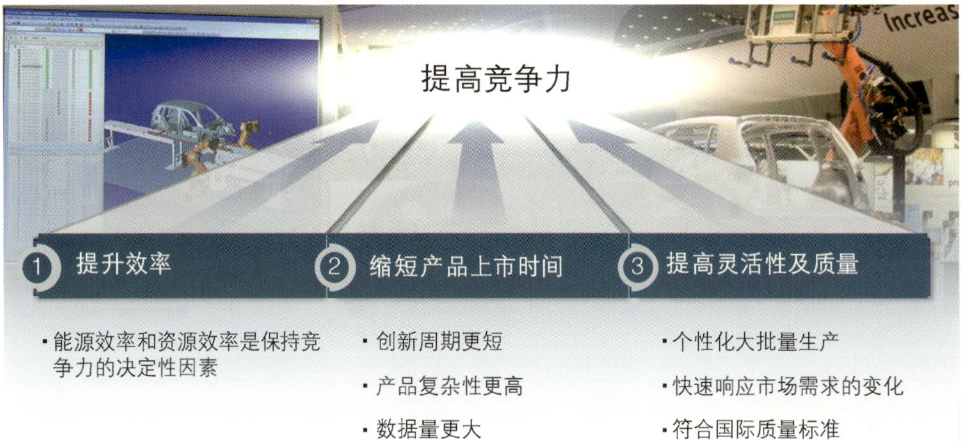

图11－2 工业4.0的优势

在工业4.0的环境下，新的生产方式将以各生产单元的高度自动化为基础，各单元利用物联网和互联网互联互通为平台，利用整个生产过程进行的全信息化、全数字化的管理、协调以及同步，以使每个生产单元高度的灵活和高度的协调，同时通过产品生产的全生命周期进行数字化管理，以使每一个产品单元具有独立的生产特质，最终将产品的独立数字化特征管理与全生产过程的信息化、数字化管理高度整合。

所以，在工业4.0的生产模式中，产品除了拥有实际的生产制造环节以外，还伴随着一个虚拟的、数字化的产品模型，现实和虚拟产品互为镜像，在这里把数字化产品模型形象化地称为产品的“数字虚拟双胞胎”。如图11－3所示，虚拟和现实产品的高度融合将实现产品的数字化生产，将彻底改变传统的生产模式，从产品设计、生产规划、生产工艺、生产执行和服务提供过程中，最大化提升企业的生产效率。虚拟数字化世界从产品设计一直到服务提供“所见即所得”，极大缩短产品上市周期，优化整个价值链并灵活执行是革命性的进步。

鉴于工业4.0高资本投入和资本密集度的特征，在城市或区域层面建立共享的智能制造创新中心和公共服务平台就不失为一项快速迈向未来制造的有效手段。智能制造创新中心和公共服务平台的建立，一方面，服务于城市的工业企业、创新创业和智能制造人才培养，另一方面，帮助企业实现从产品概念到实际产品的快速转化。通过创新中心和公共服务平台的方式降低了工业4.0的准入门槛，城市可以更快更主动地完成再工业化的进程，加速产业的转型升级，确保城市的经济可持续发展。

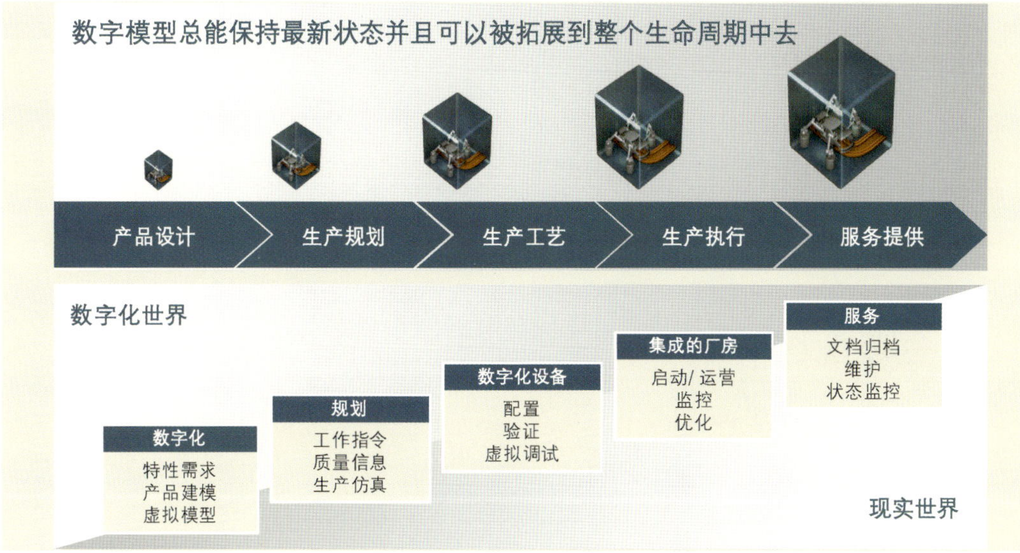

图 11-3 数字化生产的实施全过程

11.2.2 智能化基础设施是城市可持续发展的硬件支撑

工业 4.0 的发展不是孤立的存在。一方面工业 4.0 的实现有赖于相关企业所在产业链及生态圈所有参与者,包括上下游合作伙伴和相关社会基础支撑系统(如物流、通信和能源等)的高效灵活配合;另一方面工业 4.0 需要高智力支撑的前提也使得拥有最佳宜居环境的城市将首先获得资本和智本的青睐。很难想象在一个基础设施落后的城市会诞生未来的工业 4.0 产业集群。因此,高效的基础设施也是实现工业 4.0 和城市可持续发展的一个重要前提。

如图 11-4 所示,全球的城市基础设施发展已经经历了三个阶段,并在向"完全整合的智能基础设施"阶段迈进。在以"钢筋水泥"为代表的基础设施建设初始阶段,城市致力于为最早的市民提供最为基础的服务,如建设公路和铁路、楼宇和能源供应设施;当城市变得更加受欢迎,越来越多的人口导入使得城市变得拥挤,于是城市开始产生提高基础设施效率的需求,因此诞生了基础设施自动化的观念,如电气化铁路和轨道交通、现代化的商业楼宇和单向的电网等;在第三次工业革命向第四次工业革命迈进的过程中,生产力、服务效率和舒适度逐渐成为决定一个城市竞争力的关键要素,更高级的基础设施智能化也势在必得,必须快速采用先进而成熟的系统,同时鼓励创新,解决目前城市面临的挑战,营造适应未来发展的宜业宜居环境。

在物联网技术、网络通信技术、传感器和自动化控制系统的支持下,智能基础设施通过采集、分析相关的城市数据(涵盖制造、能源、交通、物流、医疗、建筑、生活等领域),可以针对城市中不同的事件提供更为自动、及时和高效的反应,如图 11-5 所示。当上述各个基础设施领域的关键要素能够实现高效整合的情况下,城市管理者有条件根据外部环境的实时变化做出最优化的响应行动,进一步为政府各部门的重要决策提供依据,使城市的管理机制和

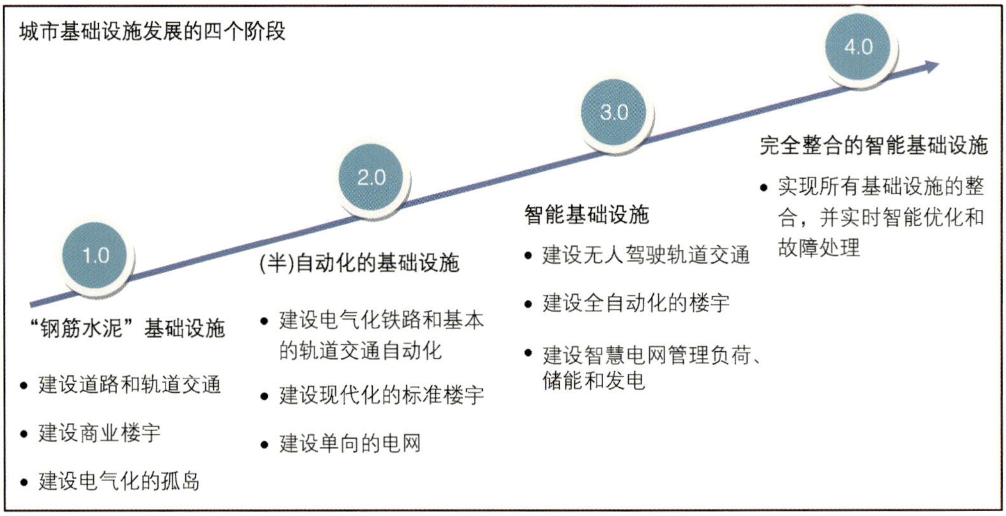

图 11-4　城市基础设施发展的四个阶段

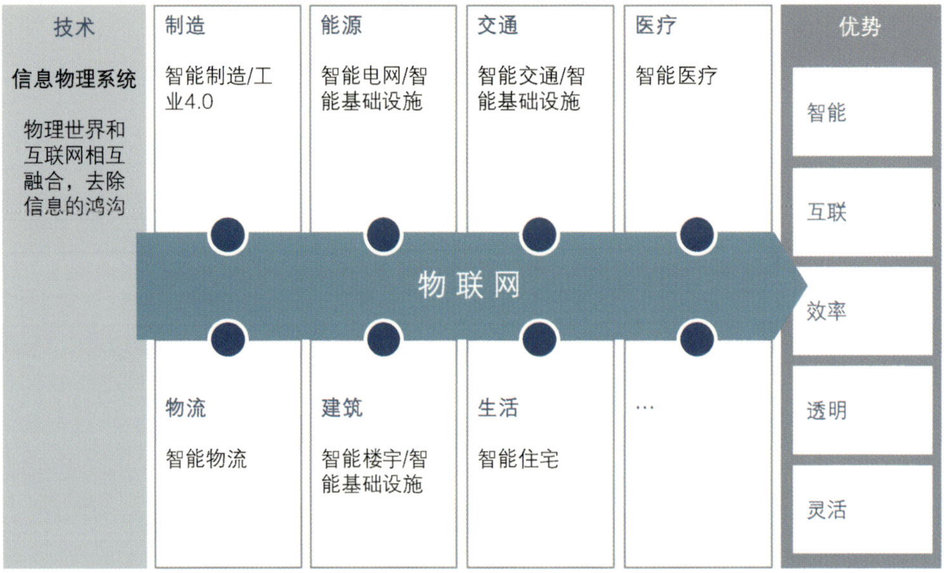

图 11-5　完整的城市智能化产业系统

执行过程更为智能、互联、高效、透明和灵活。

综上所述，智能基础设施可以帮助城市更好地降低运行成本、减少能源消耗和温室气体排放、创造新的营收机会和商业模式，并进一步提高城市的生产力水平和居民的生活品质。与此同时，智能化基础设施的发展还能很大程度地增强城市的韧性，面对自然灾害或突发事件的时候可以提供更为快速、合理和优化的响应，最大化降低给城市带来的损失。和建设一座全新的智能城市相比，通过传感技术和自动化控制技术的应用，大多数城市还能够进一步更新并改造现有的传统基础设施，更快速和集约地获得上述收益，这将极大地降低城市转型和城市更新的成本。

11.3 智能化基础设施的城市实践

11.3.1 智能交通

大城市都无一例外地面临着巨大的交通压力。提高交通效率,实现乘客及货物在城市内及城际间高效流动,减少排放,无疑是宜业宜居的关键。如何减少交通总量和降低多次交通的消耗与提高效率是现有技术条件下的必选项。为此,国内外一些城市都积极推行智能交通设施的建设实践。

(1) 珠海交通信息综合服务平台

2015 年 9 月投入使用的珠海交通信息综合服务平台则基于优化现有交通流的目的(图 11-6)。这是目前中国城市中首个将绿色交通理念与交通管理有机结合的综合平台,为缓解城市拥堵开出了一剂数字化良方。该体系依托多源交通数据信息的支持,利用动态交通数据资源,分析交通运行状态,指导交通发展方向,能够为决策者提供可监测、可报告和可核查的依据,为市民提供最高效的出行选择。平台网站自 2015 年 4 月推出后,访问量达到几千万,平台手机 APP 下载量也突破十万。对于普通市民而言,网站和 APP 上汇集了各种交通服务信息,可以随时随地查询市内出行路线、实时路况信息,以及自行车租赁点、加油站、停车场、汽车维修点和驾校等服务信息。未来,平台还将实现定制信息、网上支付等更加便民的服务,同时,还将实现交通状况预测,帮助应对突发情况,譬如极端天气、大型社会活动以及突发事故,等等。

图 11-6 珠海交通信息综合服务平台界面

(2) 意大利那不勒斯 BEE 电动汽车共享服务

意大利 BEE 电动汽车共享服务项目旨在改变人们的出行理念,引导汽车消费的新潮流。该项目于 2012 年 9 月的世界城市论坛期间正式启动,经过了项目测试阶段,2013 年在意大利那不勒斯试点了 50 辆电动汽车和 30 台 BEE 充电桩的规模。先进的电动汽车运营中心在提供基本的充电设备管理功能的同时，还可以更好地与配电网进行负荷管理交互，利用非峰值时段的充电降低电网峰值时段的负荷，高效地管理并利用区域内可再生能源的生产，通过智能计量用电情况对计费系统提供支持，并能够与用户的移动应用实现方便的对接。

11.3.2 智能能源

传统的以化石能源为主的能源供应、单向的输配电网络和用电量在时间上的不平衡(峰谷差)是能源系统效率损失、环境污染大的主要原因。开发分布式可再生/清洁能源、采用双向限电网络平衡用电是未来的发展方向。

(1) 美国科罗拉多空军学院智能微网

美国科罗拉多空军学院通过建筑群微网解决方案和“智慧能源盒”的应用，结合楼宇控制系统，高效无缝地整合建筑能效控制和需求侧响应管理，减少了整体的能源需求，提高了区域能源利用效率(图 11－7)。作为智慧楼宇管理平台的关键组件，应用“智慧能源盒”先进的分析功能，结合当地气候信息、建筑使用行为和区域电网状况，建立动态的楼宇运行模型并实时预测，对楼宇的能源消耗表现进行优化。通过需求侧响应模块对区域内不同楼宇的电力负荷进行动态优化，实现了 30%高峰时期的负荷削减。通过智能楼宇管理对建筑能耗进行优化，实现 40%的节能效果。

图 11－7　美国科罗拉多空军学院

(2) 慕尼黑虚拟电厂

位于慕尼黑的虚拟电厂可以将供电端和需求侧的负荷更为高效地整合，通过整合一些小型的发电装置，可以集中发挥一座大型电厂的作用，克服单一发电设施发电量不稳定的问题。慕尼黑电力公司整合的这座虚拟电厂总装机容量超过了 20 000 千瓦，包括其自有的伊萨河水电站、五座热电联产电厂、一座风电场、一座光伏电站和几台备用柴油发电机。最小的发电设备的产能仅为30千瓦时。接下来将加入该虚拟电厂的有一座生物质发电厂、一座地热发电厂和若干可开关负荷的设备(例如大型泵机和冷藏仓库)。通过分布式能源管理系统的应用,慕尼黑虚拟电厂可精确处理天气数据、最新的电价信息和用户需求数据,然后每小时为组成虚拟电厂的发电设施生成预测数据和生产计划,在提高区域能源利用效率的同时为城市创造更高的价值。虚拟电厂技术构架见图11-8。

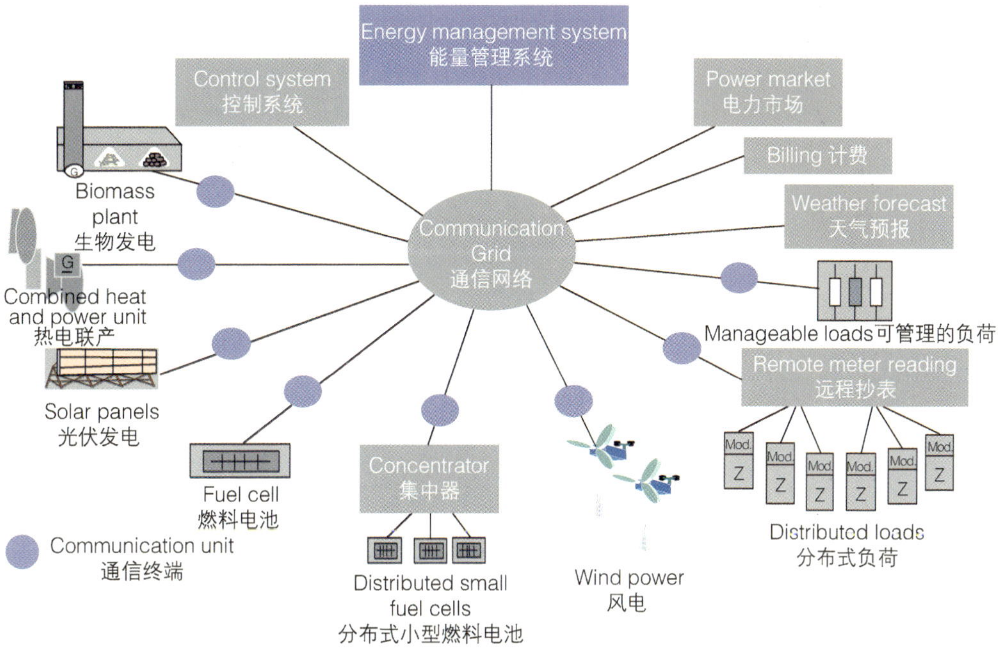

图11-8 虚拟电厂技术架构

11.3.3 智能建筑

全球41%的能源用于楼宇消耗,同时排放了21%的CO_2,其能效状况也备受城市关注。因此,如何在提高能效的同时,满足高智力生产环境所需的高效、舒适、灵活配置和激发活力所需,就成为楼宇发展的挑战。智能建筑的目标是实现更低的能耗,更高的利用率和舒适度,更加宜业宜居,满足舒适、人性化、灵活、智能、经济性和高效。

新近落成的西门子慕尼黑新总部大楼(图11-9)通过运用一系列的智能技术,在实现高效利用能源的同时,提供舒适的办公环境。例如,与传统照明装置相比,使用的近7 400个LED灯使能源消耗量几乎减少50%;通过日光灯传感器和占位检测器等智能控制技术,把用电量进一步降低25%;自动百叶帘和自动照明、空调联动,在保证最大化日光沐浴的同时,进一步通过采用室内空气质量探测(CO_2/NO_x浓度)优化空调负荷。在此基础上,舒适高效的环境控制通过安装在地板里70公里长的毛细水管实现,在冬季,这些水管可以帮助大楼供暖;而在夏季,则可以帮助大楼降温。经过智能化改造,这座大楼的用电量和用水量将比

图 11-9　西门子慕尼黑新总部大楼

原来的大楼分别减少 90% 和 75%，一次能源需要量将比德国目前实行的《节能条例(EnEV)》规定的极限值低 52%，降低到了 40 kWh/m^2 · a。

11.3.4　智慧水务

城市水资源的管理不仅保证基本的生活生产需求，同时也是城市道路等设施完好运行的保障。由于管网渗漏导致的水资源利用和道路塌陷是必须应对的可持续挑战。

(1) 圣彼得堡智能水网监控

圣彼得堡市通过智能探测水网渗漏，计划将供水管网的漏损率下降到 6%。具体而言，当地的水务公司 Vododanal 应用了基于智能计量和大数据分析的管网状态监测技术，通过安装在特定位置的智能表计最优化敏感感应区域，结合水网中的压力和流量变化，可以准确定位并监测到渗漏点并及时采取措施，同时使用最新的基于网页的端口提供统一的信息传输和信息图形化显示(图 11-10)，使西南区管网的可靠性和管理水平大大提升。

图 11-10　圣彼得堡智能水网监控系统界面

(2) 华沙克雷格污水处理厂升级

华沙的克雷格(Czajka)污水处理厂升级了新的下水道监测和控制系统。高效的分布式自动化控制系统提供整个污水处理过程中的全面可视化技术、控制和监测。这些升级,使污水处理容量由 24 万立方米/天增加到了 43.53 万立方米/天,工厂在高峰时间每天可以处理 51.5 万立方米废水。克雷格在提高华沙最重要的饮用水源——维斯瓦河——的水质上发挥了重要作用。

11.3.5 智能防灾

由于近年来极端气候状况层出不穷,客观上要求城市系统地检视自己的防灾救灾能力,提高基础设施对灾害的预防和灾后快速恢复的能力。

2013 年,超级风暴"桑迪"夺去了 41 名纽约人的生命,致使超过 80 万纽约市居民无电可用。据统计,纽约市断电一日造成的损失将高达 10 亿美元,这笔钱如果投资于建设智能型基础设施,将获得更好的回报。纽约市在遭遇了这场灾害之后发现,采用了紧凑式气体绝缘开关的地区灾后恢复最快,同时,Bronx 地区的 Co-op City 小区由于采用了 CCHP 分布式能源和微网,没有因为飓风而中断电力供应。为此,纽约意识到必须增强其基础设施的灾害承受能力。为了实现这一目标,纽约市市长布隆伯格发起了一项斥资 200 亿美元的计划,以投资建设强韧型设施,加强纽约市对自然灾害的防御力量。报告概述了诸多计划,包括修订建筑法规,以保护关键型基础设施,以及投资修建防洪设施,如防洪堤、堤坝和导流洞封堵头等,以及在能源领域加强分布式能源供应,强化智能电网配套设施、智能电表和 IT 基础设施,未来鼓励自动化需求侧响应管理,并使电动汽车与智能电网高效整合。

其中一个已经改善了纽约市的灾害承受能力的大型项目,是西门子提供的能够跨越很远的距离,以极低的损耗输送电力的高压直流输电线路(HVDC)。自 2013 年 6 月起,一条高压直流背靠背输电线路已将新泽西电网与纽约市电网连接起来,以根据需要向纽约市输送 66 万千瓦的补充电力。虽然新泽西电网与纽约市电网之间早已实现互连,但这条背靠背输电线路在提高输电容量的同时,还具备快速响应功能。换句话说,它对两侧电网都能起到稳定作用,可降低电力断供风险。

另外,往返于曼哈顿 Chelsea 与布鲁克林 Canarsie 之间的 L 号线地铁,由于采用了基于无线技术的信号系统使列车与列车之间,以及列车与控制中心之间能够相互通信。这个系统为提高发车频率创造了条件,降低了对轨道沿线设备的需求,并利用光纤网络实现了与关键型地面设备的通信。这增强了地铁系统的强韧性,因为能够将地面设备安装在更加安全的位置。如有洪灾预警,可以提前将沿轨道部署的电台设备转移到安全的地方,就像"桑迪"来袭时所做的那样。与此同时,纽约的地铁综合管理系统可以同时实时追踪多达 220 辆列车,控制着纽约市三分之一的地铁系统。这项技术最大的优势是其提供的信息。得益于此,运营商可以密切监控各种事件,当发生紧急状况时快速做出响应。譬如,通过疏散隧道内的列车,或者让列车从受影响的线路改道其他安全线路(图 11-11)。

图 11－11　经历过“桑迪”风暴的纽约

11.3.6　智能制造

为了响应“中国制造 2025”的国家战略，2016 年 2 月，青岛在中德生态园建立了首个智能制造创新中心(图 11－12)。中德生态园的建立和运行形成了国际先进技术拥有企业、本地政府及本地企业的合作治理关系，最终将实现跨国公司与本地政府、本地企业的共同发展。该中心的成立将为中国的智能制造引入全球前沿的数字化和自动化技术，与青岛本地企业实现优势互补，搭建从虚拟到现实、从概念到解决方案的创新平台。依托跨国公司的全球创新网络，中德生态园将在智能制造、机器人、现代物流、大数据应用、信息安全、智慧城市等领域从事技术创新、技术开发和系统集成。不仅如此，创新中心还将联合青岛之外的中国国内企业和地方政府，合作探索、开发适应地方城市发展的先进技术，创建国家级示范工程、行业示范工程，推动相关行业的技术革命并会同中国国内企业参与相关的国家技术标准、行业标准及企业标准的创建。

图 11－12　青岛中德生态园鸟瞰图

附录 1　长三角 16 个城市可持续发展状况与排名

附表 1-1　长三角 16 个城市可持续发展指标统计一览

	指标 城市	人类发展指数				城市生态投入指数								
						资源消耗指数			污染排放指数					
		人均 GDP（国际元/人）	人均预期寿命（年）	人均教育年限（年）	预期教育年限（年）	人均建成区面积（m^2/人）	人均消费标准煤（tce/人）	人均供水量（t）	人均化学需氧量排放量（kg/人）	人均氨氮排放量（kg/人）	人均二氧化硫排放量（kg/人）	人均氮氧化物排放量（kg/人）	人均工业固体废弃物产生量（t/人）	人均生活垃圾清运量（t/人）
1	上海	27 776	82.29	10.58	14.26	64.44	4.57	130.79	7.76	1.70	7.76	10.20	0.79	0.31
2	南京	30 679	82.17	10.82	11.86	89.34	5.99	148.98	9.75	1.71	12.86	12.66	2.13	0.32
3	宁波	28 059	81.00	8.91	14.36	39.56	4.21	64.15	7.85	1.69	16.55	25.52	1.53	0.44
4	杭州	29 614	81.56	9.88	14.22	55.67	4.97	74.42	7.56	1.02	9.11	6.97	0.81	0.37
5	无锡	36 054	81.91	9.65	14.12	50.46	5.74	62.65	5.69	0.57	12.21	21.14	1.52	0.19
6	舟山	25 316	79.58	8.53	14.39	53.23	10.34	41.27	15.31	1.80	12.10	15.60	0.51	0.25

续 表

指标 城市		人类发展指数				城市生态投入指数								
						资源消耗指数			污染排放指数					
		人均GDP（国际元/人）	人均预期寿命（年）	人均教育年限（年）	预期教育年限（年）	人均建成区面积（m^2/人）	人均消费标准煤（tce/人）	人均供水量(t)	人均化学需氧量排放量（kg/人）	人均氨氮排放量（kg/人）	人均二氧化硫排放量（kg/人）	人均氮氧化物排放量（kg/人）	人均工业固体废弃物产生量（t/人）	人均生活垃圾清运量（t/人）
7	苏州	37 063	82.74	9.72	14.67	42.15	6.53	68.56	7.20	1.34	15.97	22.09	2.40	0.20
8	扬州	23 578	78.80	8.90	14.34	30.37	3.23	39.92	12.25	1.63	10.60	15.76	0.70	0.11
9	绍兴	24 572	81.11	8.71	15.35	38.74	2.21	72.15	16.12	1.75	13.27	11.05	0.76	0.22
10	南通	22 096	80.71	8.76	13.76	26.03	1.90	31.09	13.85	2.16	8.89	9.72	0.70	0.07
11	常州	29 788	78.00	9.43	14.86	43.44	3.44	54.10	7.63	1.17	7.54	16.79	1.44	0.13
12	湖州	19 089	80.71	8.37	14.19	33.79	4.71	30.74	15.13	2.09	12.56	11.58	0.63	0.24
13	嘉兴	20 955	81.35	8.40	13.95	21.01	2.87	20.51	15.59	2.52	17.00	12.64	1.09	0.18
14	镇江	29 283	76.93	9.46	14.40	42.25	3.83	53.38	12.95	1.54	18.26	20.51	2.27	0.10
15	泰州	20 741	78.00	8.52	13.97	21.34	3.04	19.96	20.07	2.50	12.16	11.64	0.96	0.06
16	台州	16 034	78.92	7.99	14.10	21.28	2.21	23.99	4.26	0.40	7.18	6.51	0.45	0.34

附表 1-2　　长三角 16 个城市生态投入指数及分项指数排名

城市	生态投入指数		资源消耗指数		污染排放指数	
	数值	排名	数值	排名	数值	排名
台州	0.268	1	0.204	1	0.333	1
南通	0.353	2	0.228	4	0.478	4
扬州	0.403	3	0.307	5	0.500	6
泰州	0.415	4	0.222	3	0.608	11
常州	0.432	5	0.394	8	0.469	3
嘉兴	0.447	6	0.217	2	0.678	13
湖州	0.468	7	0.347	6	0.590	10
绍兴	0.478	8	0.377	7	0.579	8
杭州	0.495	9	0.534	13	0.457	2
无锡	0.512	10	0.514	11	0.511	7
镇江	0.553	11	0.401	9	0.706	15
上海	0.583	12	0.680	15	0.486	5
宁波	0.597	13	0.427	10	0.768	16
苏州	0.602	14	0.521	12	0.682	14
舟山	0.606	15	0.624	14	0.589	9
南京	0.762	16	0.860	16	0.663	12

附表 1-3　　长三角 16 个城市资源消耗指数及分项指标排名

城市	资源消耗指标		能源消耗指标		水资源消耗指标		土地资源消耗指标	
	数值	排名	数值	排名	数值	排名	数值	排名
台州	0.204	1	0.214	3	0.161	3	0.238	2
嘉兴	0.217	2	0.277	4	0.138	2	0.235	1
泰州	0.222	3	0.294	5	0.134	1	0.239	3
南通	0.228	4	0.184	1	0.209	5	0.291	4
扬州	0.307	5	0.313	6	0.268	6	0.340	5
湖州	0.347	6	0.455	11	0.206	5	0.378	6
绍兴	0.377	7	0.213	2	0.484	13	0.434	7

续 表

城市	资源消耗指标		能源消耗指标		水资源消耗指标		土地资源消耗指标	
	数值	排名	数值	排名	数值	排名	数值	排名
常州	0.394	8	0.333	7	0.363	9	0.486	11
镇江	0.401	9	0.371	8	0.358	8	0.473	10
宁波	0.427	10	0.407	9	0.431	11	0.443	8
无锡	0.514	11	0.555	13	0.421	10	0.565	12
苏州	0.521	12	0.631	15	0.460	12	0.472	9
杭州	0.534	13	0.481	12	0.500	14	0.623	14
舟山	0.624	14	1.000	16	0.277	7	0.596	13
上海	0.680	15	0.442	10	0.878	15	0.721	15
南京	0.860	16	0.579	14	1.000	16	1.000	16

附表 1-4　　长三角 16 个城市污染排放指数及分项指标排名

城市	污染排放指标		水污染排放指标		空气污染排放指标		固体废物排放指标	
	数值	排名	数值	排名	数值	排名	数值	排名
台州	0.313	1	0.186	1	0.324	1	0.488	9
杭州	0.439	2	0.391	3	0.386	2	0.593	13
常州	0.472	3	0.422	4	0.535	5	0.450	8
南通	0.482	4	0.531	6	0.412	3	0.515	10
上海	0.509	5	0.255	2	0.749	13	0.531	11
扬州	0.510	6	0.773	13	0.434	4	0.228	1
无锡	0.528	7	0.629	10	0.599	9	0.272	3
绍兴	0.600	8	0.749	12	0.580	8	0.408	5
舟山	0.613	9	0.791	14	0.571	7	0.409	6
湖州	0.613	10	0.739	11	0.637	11	0.389	4
泰州	0.645	11	0.583	8	0.600	10	0.806	15
南京	0.651	12	0.995	16	0.561	6	0.268	2
嘉兴	0.676	13	0.446	5	0.870	14	0.730	14
苏州	0.709	14	0.888	15	0.713	12	0.433	7

续　表

城市	污染排放指标		水污染排放指标		空气污染排放指标		固体废物排放指标	
	数值	排名	数值	排名	数值	排名	数值	排名
镇江	0.721	15	0.628	9	0.902	15	0.588	12
宁波	0.761	16	0.531	6	0.953	16	0.819	16

附表 1-5　　长三角 16 个城市人类发展指数及分项指标排名

城市	城市人类发展指数		预期寿命指标		教育指标		收入指标	
	数值	排名	数值	排名	数值	排名	数值	排名
苏州	0.858	1	0.965	1	0.732	2	0.894	1
上海	0.848	2	0.958	2	0.749	1	0.850	8
无锡	0.846	3	0.952	4	0.714	7	0.889	2
杭州	0.839	4	0.947	5	0.724	4	0.860	5
南京	0.830	5	0.956	3	0.690	10	0.865	3
绍兴	0.824	6	0.940	7	0.717	5	0.831	10
常州	0.823	7	0.892	14	0.727	3	0.861	4
宁波	0.822	8	0.938	8	0.696	8	0.851	7
镇江	0.813	9	0.876	16	0.715	6	0.858	6
舟山	0.806	10	0.917	11	0.684	11	0.836	9
扬州	0.804	11	0.905	13	0.695	9	0.825	11
南通	0.801	12	0.934	9	0.674	12	0.815	12
嘉兴	0.798	13	0.944	6	0.668	15	0.807	13
湖州	0.793	14	0.934	10	0.673	13	0.793	15
泰州	0.785	15	0.892	15	0.672	14	0.806	14
台州	0.771	16	0.906	12	0.658	16	0.767	16

附表 1－6　　长三角 16 个城市可持续发展效率及排名

城市	生态投入指数	人类发展指数	可持续发展效率	效率排名
苏州	0.602	0.858	1.000	1
南通	0.353	0.801	1.000	1
无锡	0.512	0.846	1.000	1
台州	0.268	0.771	1.000	1
常州	0.432	0.823	1.000	1
杭州	0.495	0.839	0.982	6
绍兴	0.478	0.824	0.910	7
上海	0.583	0.848	0.910	8
扬州	0.403	0.804	0.899	9
嘉兴	0.447	0.798	0.774	10
泰州	0.415	0.785	0.742	11
宁波	0.597	0.822	0.717	12
镇江	0.553	0.813	0.716	13
湖州	0.468	0.793	0.708	14
舟山	0.606	0.806	0.614	15
南京	0.762	0.830	0.597	16

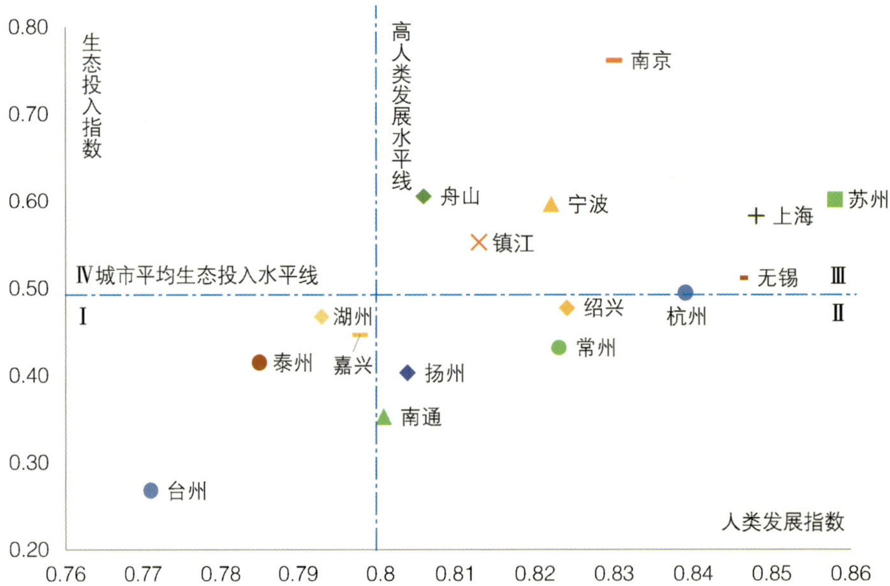

附图 1－1　长三角 16 个城市可持续发展状态—两轴四象限图

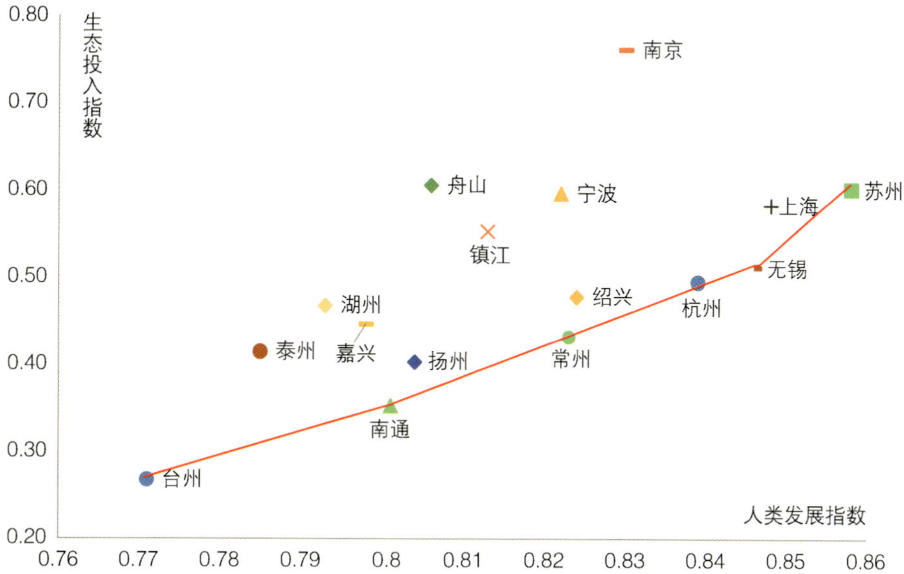

附图 1-2　长三角 16 个城市可持续发展效率 DEA 分析图

图目录

表目录

中英文术语对照表

中文全称	英文全称	英文简写
城市人类发展指数	Urban Human Development Index	UHDI
城市生态投入指数	Urban Ecological Input Index	UEII
城市资源消耗指数	Urban Resources Consumption Index	URCI
城市污染排放指数	Urban Pollution Discharge Index	UPDI
城市水资源消耗指标	Urban Water Consumption Index	UWCI
城市土地资源消耗指标	Urban Land Resources Input Index	ULRI
城市能源消耗指标	Urban Energy Consumption Index	UECI
城市水污染排放指标	Urban Water Pollution Index	UWPI
城市空气污染排放指标	Urban Air Pollution Index	UAPI
城市固体废物排放指标	Urban Solid Waste Index	USWI
教育指标	Education Index	EI
预期寿命指标	Life Expectancy Index	LEI
收入指标	Income Index	II
能源福利绩效	Wellbeing Performance of Energy Consumption	WPEC
能源经济绩效	Economic Performance of Energy Consumption	EPEC
经济福利绩效	Wellbeing Performance of Economic Growth	WPEG
城市经济增长指数	Urban Economic Growth Index	UEGI

后　记

2016年是同济大学经济与管理学院可持续发展评估研究团队撰写《绿皮书》系列丛书的第四个年头，新的《中国城市可持续发展绿皮书(2014—2015年)》即将出版。前三本的推出，受到了社会各界、学者、研究团队、政府管理人员的充分肯定与高度认可，每一份支持都是激励团队不断求索、开拓创新的动力。

本期绿皮书继续按照理论探讨、实证评估、专题研究三个板块开展工作，形成了"理论基础与模型方法+实证分析+专题研究"三合一的板块结构。基于两个半球理论，从生态投入和人类发展两个维度，四个象限思考，运用成熟的数据包络分析方法(DEA)，评估城市可持续发展水平，提出相应的发展模式和改进路径。在前三本的基础上，本书有了进一步的深化和创新：比如在模型方法上，加入了规模收益可变的BCC模型；在发展模式改进路径方面，提出了"三维最佳改进量"的方法，完成了定性判断到定量分析的跨越；在研究对象上，结合时事热点，关注碳排放、关注能源福利绩效、关注智能化城市，等等。

当然，虽较上一版有所创新，但仍有不足。比如：三维分析方法还有待进一步研究完善，使政策建议的提出更为准确有效；实证分析中可结合多年研究成果，在时序上做纵向研究，观察各个类型城市可持续发展的规律，等等。研究团队将在今后的研究中进一步深化，我们期待通过不懈努力，绿皮书系列成果能够积极推动中国未来20年新型城镇化的思想转型，促进我国城市可持续发展。

本期绿皮书撰写得到了西门子亚洲城市能力中心在国际数据和国内实践方面的支持。同时，还得到有关政府部门、科研院所、校方、院方和其他社会各界的关心及大力支持，在此我们一并表达由衷的感谢。

"建设成为以可持续发展为导向世界一流大学"是同济大学一贯秉持的目标与愿景，而这一目标的实现，不仅需要资源、人力的开源与整合，更需要每一个同济人以"促进可持续发展"为己任。2017年即是同济大学110年校庆，在这新时代到来的始点，研究团队每一位成员都仰望星空，心怀憧憬，希望可以砥砺前行，在可持续发展研究的道路上永立潮头，联合更多的力量共同参与，为中国乃至世界的可持续发展事业贡献更多的努力和探索！

《中国城市可持续发展绿皮书》编委会

2016年10月